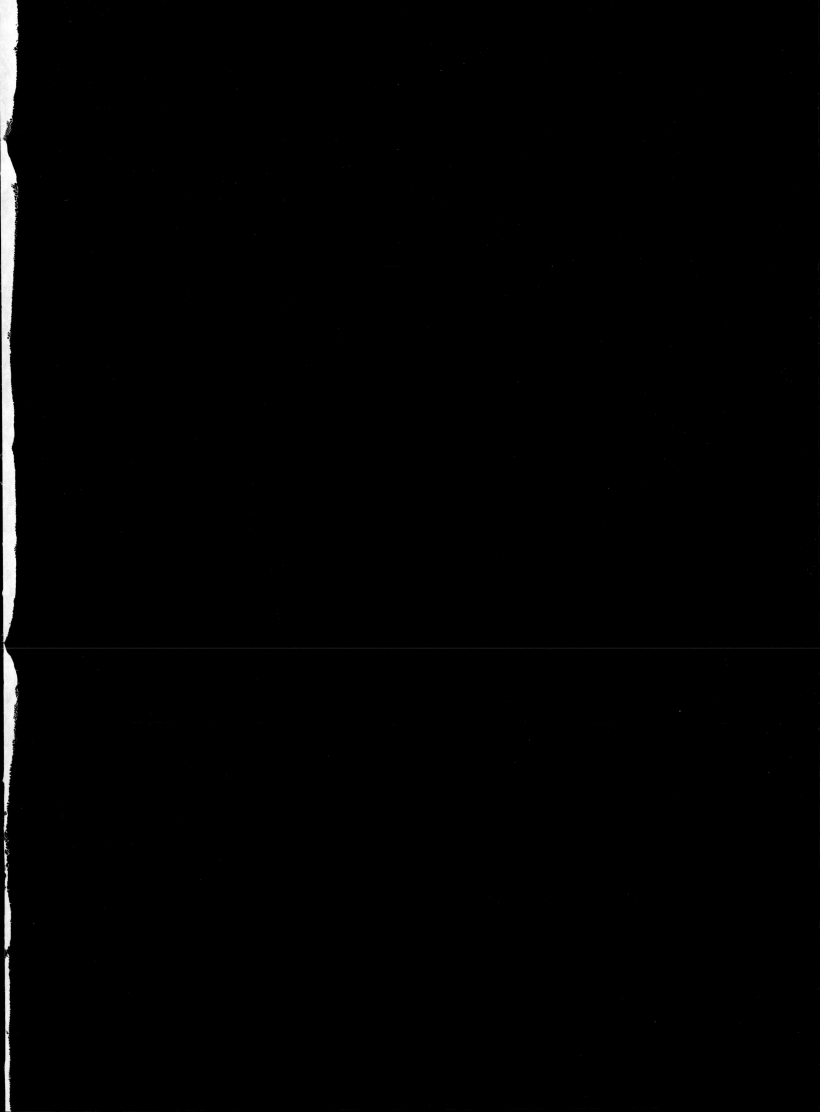

VYDAVATEĽSTVO
OSVETA

Bratislava - Princeton, November 1992

I hope you will see this nice

country.

Cran and Helene

MY SLOVAKIA · MEINE SLOWAKEI

SLOVENSKO MOJE

MIRO GREGOR

Druhé, prepracované vydanie
Vydavateľstvo Osveta, š. p., Osloboditeľov 21, 036 54 Martin
ČSFR

Prebal, väzba a grafická úprava Miro Gregor
Redaktorka Anna Oláhová
Výtvarný redaktor Robert Brož
Technická redaktorka Katarína Hlavňová

Vytlačila Tlačiareň Neografia, š. p., Martin

ISBN 80-217-0443-8

Slovensko v nás

Každá krajina, ak má byť, a najmä zostať krajinou, to znamená rozvíjať sa, musí mať svoje nosné a zjednocujúce piliere, lebo bez nich by sa rozdrobila a rozpadla. Vďaka Bohu, Slovensko ich má.

Táto kniha približuje časť z nich bezprostredne, a sprostredkovane vlastne všetky. Najvýraznejšie sa predstavuje kultúra a príroda Slovenska. Vidíme v nej pestrosť a mnohotvárnu krásu zázračného prírodného územia, ktorý svet pozná pod menom Slovensko. Nachádzame tu potvrdenie, že je to stará kultúrna krajina s robustnou, originálnou ľudovou kultúrou, kultúrnymi pamiatkami a mnohými hodnotami, v ktorých sa uchováva pamäť nášho národa a zrkadlia naše dejiny. Nepriamo možno v týchto svedectvách čítať aj o ekonomickom a sociálnom svete slovenského človeka. A nad tým všetkým sa klenie opora duchovná, viera. Ona najväčšmi prispela k tomu, že Slovensko obýva neochvejný národ, ktorý sa vzoprel proti obrovskej sile nepriaznivých okolností a súvislostí na geopolitickej križovatke Európy. Napokon je tu ten najdôležitejší, nosný činiteľ Slovenska, zračiaci sa z každého miesta knihy — človek. Ten je utajený aj v jej názve: Slovensko moje.

Slovensko moje! Koľkým miestam či miestočkám našej krajiny patria tieto slová, koľko úst ich už vypovedalo do dnešných dní. Tento druh „vlastníctva navždy" nikdy nebude súvisieť so zápismi v pozemkových knihách, a žiaden magnát či milionár nás oň nemôže pripraviť. Naše imanie môžu však zničiť hrubé a necitlivé zásahy... Potom by nám zostalo iba v mysli, v predstave.

Daktorí si prisvojili zo Slovenska veľa — tak ako umelecký fotograf Miro Gregor. V tomto zmysle nám treba čím viac takýchto „kráľov" Slovenska, nie konkurujúcich a hádajúcich sa nad ním, ale ľudí kráľovsky si Slovensko privlastňujúcich a práve s takou kráľovskou samozrejmosťou mu slúžiacich. Čím viac ich bude mať Slovensko, tým pevnejšia, bezpečnejšia, slobodnejšia a bohatšia bude naša vlasť.

Táto kniha nám pripomína, že máme byť na čo hrdí, a zároveň nás učí umeniu pozerať sa a vidieť — tak ako to vie jej autor — premnohé a rôznorodé hodnoty Slovenska novými očami. Keď pochopíme hodnotu Slovenska i hodnotu tohto poznania, vzrastie i naša vlastná hodnota. A o tú vlastne ide. Iba keď porozumieme domovu, získame oči aj pre pochopenie sveta — toho bližšieho, európskeho, i toho vzdialenejšieho. Ako mu len teraz potrebujeme rozumieť a ako veľmi potrebujeme, aby aj on rezonoval čistými tónmi s naším nefalošným úsilím! Preto je táto kniha o Slovensku určená aj pre šíry svet a osobitne pre Slovenky a Slovákov na všetkých piatich svetadieloch. Slovensko teraz potrebuje mnohé srdcia a hlavy, mnohé city a myšlienky.

Choď teda, kniha, do sveta, predstav ľuďom Slovensko a zasievaj lásku k našej domovine. V láske a s láskou bude rásť Slovensko i my, aj Slovensko v nás. Nech zostane Slovensko — tvoje, moje, naše aj svetové — plné čistej a žičlivej slovenskosti!

Bratislava, apríl 1991

JOZEF MARKUŠ
predseda výboru Matice slovenskej

Slovakia Within Us

Every country, if it is to be one and especially if it is to remain one, that is, if it is to develop and prosper, must have its own bearing and unifying pillars, for without them it would crumble and disintegrate. Slovakia, thanks be to God, has them.

This book introduces a part of them directly and, in fact, all of them through mediation. Most strikingly apparent are the culture and the nature of Slovakia. The latter reflects the vivid and variegated beauty of a miracoulous landscape which the world knows by the name of Slovakia. We find here evidence that it is a land with an ancient, refined culture, with a robust, differentiated folklore, cultural monuments and numerous values in which the memory of our nation has been preserved and our history is mirrored. Indirectly, these testimonies permit us also to read about the economic and social world of the Slovaks. And all this is spanned over by the arch of spiritual support — Faith. The latter has contributed most to the fact that Slovakia is inhabited by a staunch, unswerving nation, one that has defied the immense impact of unpropitious circumstances and consequences at the geopolitical crossroads of Europe. Finally, there is here the most momentous agent, the bearing pillar of Slovakia emerging from every page of the book — Man. He is also immanently present in its title: My Slovakia.

My Slovakia! Oh, the innumerable sites and spots in our country to which these words apply! The innumerable lips that have uttered them until now! This "everlasting" ownership will never be dependent on entries in real estate registers and no magnate nor tycoon can deprive us of it. This estate, however, can be destroyed from within by rough, thoughtless and insensitive handling... Then, it would remain solely in our thoughts, our imagery.

Many have thus appropriated for themselves much of Slovakia — e.g. like the artist-photographer Miro Gregor. Within this context we need more and more such "kings" of Slovakia, not such as compete and wrangle over it, but such as regally take possession of Slovakia and serve it with a kingly self-evidence. The more such kings Slovakia has, the stronger, safer, freer and richer will our country be.

This book reminds us that there is much here we can be proud of and at the same time teaches us the art of looking at and seeing — the way its author does — the many and diverse values of Slovakia in a new light. When we grasp the value of Slovakia and the value of that knowledge, then also our own value will grow. And that is just the point. Only if we understand our homeland shall we also have eyes for understanding the world, the closer European world and the more remote one. And how much we need to understand it precisely now, and how much we need that it, too, resound in pure tones in harmony with our frank, genuine efforts, free of all taint of hypocrisy! That is why this book is destined also to the world at large and specifically to Slovak men and women dispersed on the five continents. At present, Slovakia needs many hearts and many heads, much feeling and thought.

Good speed then, friendly book, go into the whole wide world, introduce Slovakia to all men of good will and sow the seeds of love for our homeland. Slovakia, and we too, will grow in it, and Slovakia within us. May Slovakia — yours, mine, ours and the world's — remain full of the Slovak value.

Bratislava, April 1991

JOZEF MARKUŠ
Committee Chairman of the Slovak Foundation

Die Slowakei in uns

Jedes Land, wenn es eines sein soll und vor allem wenn es ein Land bleiben soll, muß seine tragenden und einigenden Pfeiler haben, denn ohne sie würde es zerbröckeln und zerfallen. Gott sei Dank — die Slowakei hat solche Pfeiler.

Dieses Buch bringt uns unmittelbar ein Teil von ihnen näher und mittelbar eigentlich alle. Am markantesten repräsentiert sich die Kultur und die Natur der Slowakei. Wir sehen in ihm die Buntheit und vielgestaltige Schönheit des wundervollen Naturgebietes, das die Welt unter dem Namen Slowakei kennt. Wir finden hier die Bestätigung, daß es ein altes Kulturland mit einer robusten, nicht standardmäßigen Volkskultur ist, mit Kulturdenkmälern und vielen Werten, in denen das Gedächtnis unseres Volkes bewahrt wird und in denen sich die Geschichte unseres Volkes widerspiegelt. Indirekt kann man aus diesen Zeugnissen auch von der ökonomischen und sozialen Welt des slowakischen Menschen lesen. Und darüber hinweg wölbt sich die geistige Stütze, der Glauben. Er hat am meisten dazu beigetragen, daß die Slowakei ein unerschütterliches Volk bewohnt, das sich auf einem geopolitischen Kreuzungspunkt Europas gegen eine riesige Macht ungünstiger Umstände und widriger Zusammenhänge stemmte. Schließlich erscheint hier der wichtigste, der entscheidende Faktor der Slowakei, der sich an jeder Stelle des Buches offenbart — der Mensch. Der ist auch in seinem Titel verborgen: Meine Slowakei.

Meine Slowakei! Wievielen Orten und Örtlein unseres Landes gehören diese Worte, wieviele Münder haben sie schon bis zum heutigen Tag ausgesprochen. Dieser Besitz „für immer und ewig" wird niemals mit Aufzeichnungen in den Grundbüchern zusammenhängen und kein Magnat, kein Millionär kann ihn uns nehmen. Doch unser Besitztum kann durch grobe und ungeschlachte Eingriffe vernichtet werden... Dann würde es uns nur noch im Sinn, in der Vorstellung erhalten bleiben.

Einige von uns haben sich auf diese Weise viel von der Slowakei angeeignet — so wie der Kunstfotograf Miro Gregor. In diesem Sinn brauchen wir je mehr solcher „Könige" der Slowakei, nicht solche, die einander konkurrieren und die sich um das Land streiten, sondern Menschen, die sich die Slowakei in königlicher Weise zu eigen machen und die ihr mit ebensolcher königlicher Selbstverständlichkeit dienen. Je mehr solche Menschen die Slowakei haben wird, umso fester, sicherer und reicher wird unsere Heimat sein.

Dieses Buch erinnert uns daran, daß wir auf etwas stolz sein können und zugleich lehrt es uns, die Kunst zu schauen und zu sehen – so wie dies auch sein Autor versteht – die unzähligen und mannigfaltigen Werte der Slowakei mit neuen Augen zu betrachten. Wenn wir den Wert der Slowakei begreifen und auch den Wert dieser Erkenntnis erfassen, wächst auch unser eigener Wert. Und darum geht es eigentlich. Erst wenn wir unsere Heimat begreifen, gewinnen wir auch Augen für das Verständnis der Welt – der näheren, europäischen und auch der entfernteren. Wie dringend brauchen wir sie jetzt zu verstehen und wie sehr benötigen wir, daß auch sie mit reinen Tönen mit unserem unverfälschten Bemühen resoniert. Deshalb ist dieses Buch über die Slowakei auch für die weite Welt bestimmt und ganz besonders für die Slowakinnen und Slowaken in allen fünf Erdteilen. Die Slowakei braucht jetzt viele Herzen und Köpfe, viele Empfindungen und Ideen.

Gehe also, du Buch, in die weite Welt, stelle den Menschen die Slowakei vor und säe in ihre Herzen Liebe zu unserer Heimat. In dieser Liebe wird die Slowakei wachsen und auch wir und die Slowakei in uns. Möge die Slowakei – deine, meine, unsere und auch die der Welt – voll des slowakischen Wesens bleiben!

Bratislava, im April 1991

JOZEF MARKUŠ
Ausschußvorsitzender der Matica slovenská

SLOVENSKO

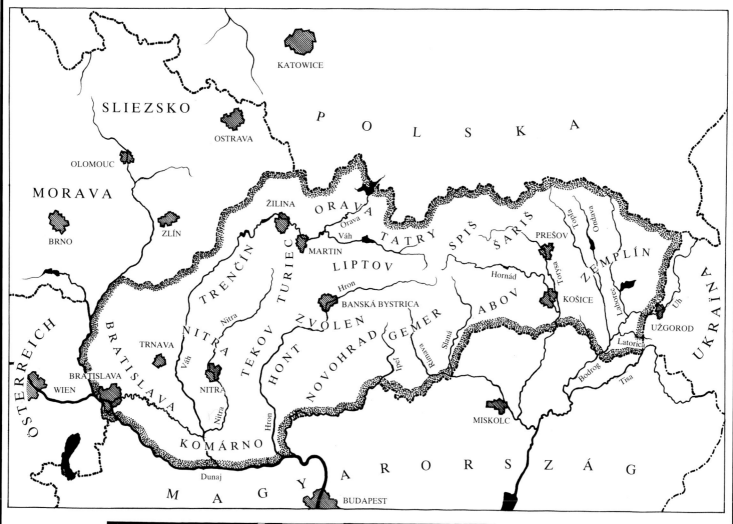

SLIEZSKO

KATOWICE

OSTRAVA

OLOMOUC

MORAVA

BRNO

ZLÍN

POLSKA

ŽILINA

ORAVA

Orava

Váh

TATRY

SPIŠ

ŠARIŠ

PREŠOV

Topľa

Ondava

ZEMPLÍN

UKRAÏNA

MARTIN

TURIEC

LIPTOV

Hron

Hornád

Torysa

KOŠICE

Laborec

Uh

TRENČÍN

BANSKÁ BYSTRICA

ZVOLEN

ABOV

UŽGOROD

NITRA

TEKOV

HONT

GEMER

Slaná

Latorica

TRNAVA

Váh

NITRA

Nitra

NOVOHRAD

Ipeľ

Rimava

Bodrog

Tisa

BRATISLAVA

ÖSTERREICH

WIEN

BRATISLAVA

MISKOLC

KOMÁRNO

Nitra

Hron

Dunaj

MAGYARORSZÁG

BUDAPEST

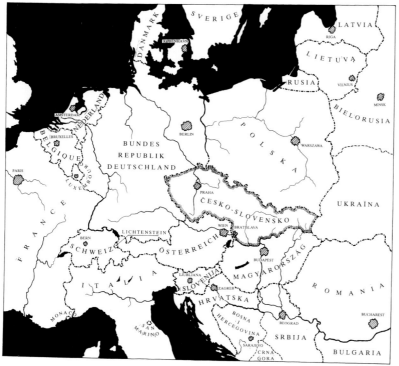

SVERIGE

DANMARK

KØBENHAVN

LATVIA

RIGA

LIETUVA

RUSIA

VILNIUS

BIELORUSIA

MINSK

NEDERLAND

AMSTERDAM

BELGIQUE

BRUXELLES

BUNDES REPUBLIK DEUTSCHLAND

BERLIN

POLSKA

WARSZAWA

PARIS

LUXEMBOURG

PRAHA

ČESKO-SLOVENSKO

UKRAÏNA

FRANCE

LICHTENSTEIN

SCHWEIZ

BERN

ÖSTERREICH

WIEN BRATISLAVA

MONACO

ITALIA

BUDAPEST

MAGYARORSZÁG

LJUBLJANA

SLOVENIJA

ROMANIA

SAN MARINO

ZAGREB

HRVATSKA

BEOGRAD

BUCHAREST

BOSNA I HERCEGOVINA

SRBIJA

SARAJEVO

CRNA GORA

BULGARIA

4   Reliéf z vykopávok rímskej stanice Gerulata v Rusovciach

Relief from excavations of the Roman station Gerulata at Rusovce
Relief aus den Ausgrabungen der römischen Militärstation Gerulata in Rusovce

5   Mohylová rituálna keramika z Nových Košarísk

Ritual ceramic-ware from a tumulus at Nové Košariská
Rituelle Grabhügelkeramik aus Nové Košariská

6   Biateky, keltské mince z územia Bratislavy

Biatecs, Celtic coins from the Bratislava territory
Keltische Biatec-Münzen aus dem Gebiet von Bratislava

2   Predhistorická Venuša z Moravian nad Váhom

Prehistorical Venus from Moravany nad Váhom
Die prähistorische Venus aus Moravany nad Váhom

3   Skrčenci zo štvorhrobu v Barci pri Košiciach

Crouched skeletons from a grave of four at Barca near Košice
Hockerskelette aus einem Vierergrab in Barca bei Košice

1/ KRIŽOVATKY

Ťažko je nepočetným byť a žiť. V neprestajnej obrane sme si my, pričasto nedobrovoľní pešiaci cudzích kráľov, svoju históriu nepísali sami. Dlho tyrani za ľud skrývali moc, so slovíčkami sa zahrávali cynici, na národ zvalili neúspech, ťarchavú noc.

Vždy sa však našli tí, čo za spravodlivosť znovu a znovu pozdvihli nad hlavu našu zástavu!

Pravda nad časom víťazí.

1/ CROSSROADS

How hard it is for us so few to be and so to live! In our relentless resistance, far too long we, the reluctant pawns of foreign kings, could not write ourselves our own history. Far too long, tyrants masked their sway behind the folks, cynics playing with words brought misery on the nation, and an oppressive night…

Yet there always came those who again and again raised our flag to al ofty height.

Truth triumphs over time, and there is light.

1/ KREUZUNGEN

Es ist schwer, nicht zahlreich zu sein und doch zu leben. In immerwährender Verteidigung haben wir, nur zu oft als unfreiwillige Fußsoldaten fremder Könige, unsere Geschichte nicht selber geschrieben. Lange verbargen Tyrannen ihre Macht hinter dem Rücken des Volkes, Zyniker spielten frevelhaft mit Worten, und unheilschwangere Nacht wälzten sie auf die Schultern der Nation ab.

Immer fanden sich jedoch solche, die für die Gerechtigkeit unsere Fahne stets aufs neue über unsere Köpfe erhoben!

Die Wahrheit siegt über die Zeit.

Slovenský raj a Hnilecké vrchy z Kráľovej hole (titulná dvojstrana)
Slovenský raj and the Hnilec Hills from Kráľova hoľa (Title double-page)
Slovenský raj und Hnilecké vrchy vom Gipfel Kráľova hoľa aus (doppelte Titelseite)

1 > Sútok Dunaja a Moravy z hradu Devín
Confluence of the Danube and the Morava from the Devín castle
Die Mündung der March in die Donau von der Burg Devín aus

8 Základy veľkomoravskej baziliky na Bratislavskom hrade

Foundations of a Great Moravian basilica at the Bratislava castle
Fundamente einer großmährischen Basilika auf der Burg Bratislava

7 Veľmožský feudálny dvorec v Ducovom-Kostolci

A magnate's feudal manor at Ducové-Kostolec
Feudales Magnatenanwesen in Ducové-Kostolec

9 Veľkomoravský motív na bráne múzea v Nitre

A Great Moravian motif as an ornament on the Museum gate at Nitra
Großmährisches Motiv auf dem Eingangstor des Museums in Nitra

10 Košický zlatý poklad vo Východoslovenskom múzeu

The Košice golden hoard in the East-Slovakian Museum
Der Goldschatz von Košice im Ostslowakischen Museum

11 Miklušova väznica, dom posledného košického kata

The Mikluš Gaol, house of the last public executioner at Košice
Der Mikluš-Kerker, das Haus des letzten Henkers von Košice

13 Jánošíkova družina, gobelín od Šáry a Janka Alexyovcov

Jánošík's Company – a tapestry by Šára and Janko Alexy
Jánošík mit seinen Gesellen, ein Gobelin von Šára und Janko Alexy

12 Dereš, lavica represívnej výchovy

A rack – a bench of repressive education
Die Prügelbank, ein Instrument der repressiven Erziehung

14 Trakt kaštieľa Vranovo v Liptovskom Mikuláši

A wing of the Vranovo manor at Liptovský Mikuláš
Ein Trakt des Schlosses Vranovo in Liptovský Mikuláš

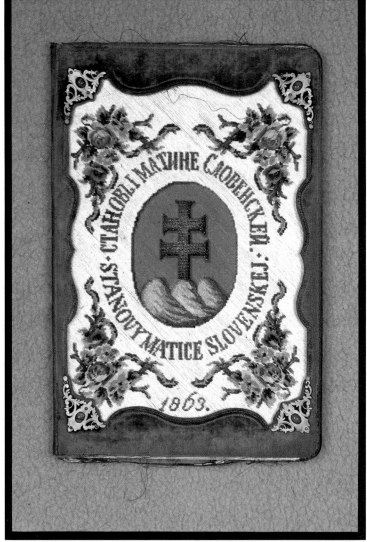

15   Pamätník východoslovenského roľníckeho povstania v Haniske

Memorial to the East-Slovakian Peasant Rebellion at Haniska
Denkmal des Ostslowakischen Bauernaufstandes in Haniska

16   Väzba prvých stanov Matice slovenskej v Martine

Volume of the first statutes of the Slovak Foundation at Martin
Einband der ersten Statuten der Matica slovenská in Martin

17   Pamätný dom Slovenských národných rád v Myjave

Commemorative House of the Slovak National Councils at Myjava
Museum der Slowakischen Nationalräte in Myjava

21   Povstalecká obec Kalište, vypálená fašistami

The insurgent village Kalište, burnt down by the nazis
Kalište, eine Aufständischengemeinde, die von den Faschisten niedergebrannt wurde

22   Múzeum Slovenského národného povstania v Banskej Bystrici

Museum of the Slovak National Uprising at Banská Bystrica
Das Museum des Slowakischen Nationalaufstandes in Banská Bystrica

23   Povstalecký vlak Štefánik pri Zvolenskom zámku

The insurgent train "Štefánik" near the Zvolen castle
Der Panzerzug „Štefánik" der Aufständischen beim Schloß Zvolen

24   Detail pamätníka Karpatsko-duklianskej operácie

Detail of the monument to the Carpathian-Dukla operation
Detail des Mahnmals an die Karpaten-Dukla-Operation

25 Výzdoba interiéru v Dome Košického vládneho programu

Interior ornamentation in the House of the Košice Government Programme
Dekoration des Interieurs im „Haus des Regierungsprogramms von Košice"

26 Dráma stromu, dráma života

Drama of a tree, drama of life
Das Drama eines Baumes, ein Drama des Lebens

27 Hrob Neznámeho vojaka v Liptovskom Mikuláši na Háji

Grave of an Unknown Soldier at Liptovský Mikuláš – Háj
Das Grab des Unbekannten Soldaten auf dem Hügel Háj in Liptovský Mikuláš

29   Drôtené ostnaté dvojzátarasy na rakúsko-slovenskej hranici

Double fence of barbed wire on the Austrian-Slovak frontier
Die doppelten Stacheldrahtverhaue an der österreichisch-slowakischen Grenze

28   Bratislava-Slavín, pamätník sovietskym vojakom

Bratislava-Slavín, monument to Soviet soldiers
Bratislava-Der Slavín, die Gedenkstätte der sowjetischen Soldaten

30   Sieň federácie na Bratislavskom hrade

The Federation Hall at the Bratislava castle
Der „Saal der Föderation'' auf der Burg Bratislava

31 Bratislavský hrad z nádvoria (od severu)

The Bratislava castle from the courtyeard (from the north)
Die Burg Bratislava vom nördlichen Schloßhof aus

2/   KRAJINA A MY

Na planéte Zem, od Suchohradu po Zboj, je moja rodná
a cestičiek veľa, to Slovensko moje s lonom ešte trávnatým, tá najmilšia
krajina moja. Treba ju prejsť naskutku krížom-krážom: aj zubaté slniečko
do dlane chytať, či s očami dokorán letieť ňou... Prechádzať alejami
známych stromoradí, optikou dotýkať sa kvetov, plodov i návrší, alebo len
tak si niekam do neznáma ísť a myslieť na tých, čo sú nám najmilší...
Pritom so srdcom bohatším o rozmer, čo nám dáva čas, ten
bežec stály, citlivo hľadať v rodnej reči tie najkrajšie slová chvály.
Aby nič nemohlo byť viac.

2/   THE COUNTRY AND WE

On this planet Earth, from Suchohrad to Zboj, stretches my native land, full
of joy, with plentiful little paths, this Slovakia of mine, with its bosom still fresh with juicy
grass and fragrant thyme, that dearest country of mine. We should truly crisscross it back
and forth, clasp the sunbeams in our hands, or fly with eyes open wide over its lands...
Walk down familiar alleys and lanes, kiss its flowers and fruits and touch the hill tops the
plains, or just traipse into the unknown, thinking of those dearest to us...
And with a heart enriched with that dimension given us by time, that
relentless wanderer seeks in his native tongue the prettiest words of praise sublime.
So that nothing could outdo their chime.

2/   DIE LANDSCHAFT UND WIR

Auf dem Planet Erde, von Suchohrad bis Zboj, erstreckt sich meine Heimat
und es gibt viele Wege in dieser meinen Slowakei mit ihrem noch mit Gras bedeckten
Schoß, in diesem meinem liebsten Land. Man muß es wirklich kreuz und quer
durchwandern, auch die zackige Sonne in die Hand nehmen oder mit weit offenen Augen
über mein Land fliegen... Die Alleen bekannter Baumreihen durchschreiten, mit der Optik
Blumen, Früchte und Anhöhen berühren oder auch nur so einfach ins Ungewisse
wandern und an jene denken, die für uns die Liebsten sind...
Dabei mit einem Herzen, das um eine Dimension reicher ist, die uns die
Zeit verleiht, dieser unermüdliche Läufer, feinfühlig in der Muttersprache nach den
schönsten Lobesworten suchen.
Damit nichts noch mehr sein kann.

32 > Bukový les na svahoch Bielych Karpát

A beech forest on the slopes of the Little Carpathians
Ein Buchenwald auf den Abhängen der Weißen Karpaten

33 >> Okolie Gašparovej v Malých Karpatoch

Environs of Gašparová in the Little Carpathians
Die Umgebung von Gašparová in den Kleinen Karpaten

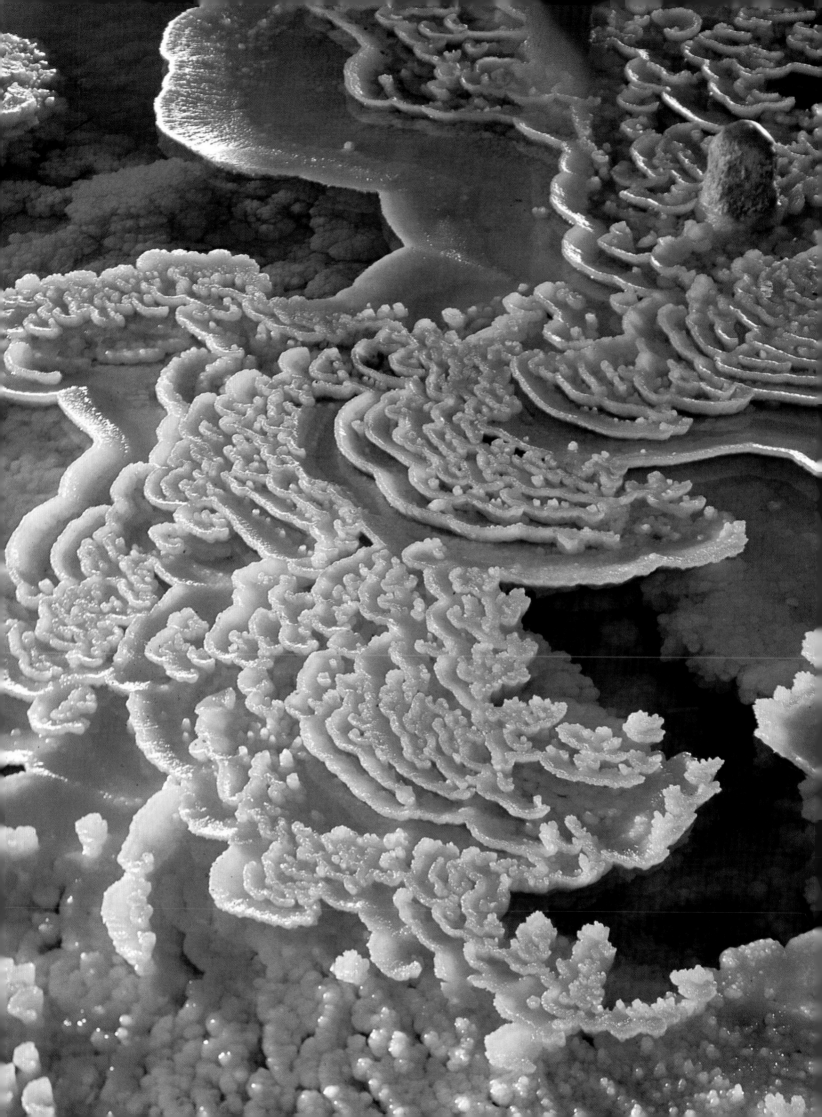

<<< **34**   Cesta a stromoradie pri Nevericiach

Road and an avenue near Neverice
Straße und Baumallee bei Neverice

< **35, 36**   Viacvrstvové lekná Demänovskej jaskyne Slobody

Multilayer water-lilies in the cave Demänovská jaskyňa Slobody
Mehrschichtige Sinterseerosen in der Höhle Demänovská jaskyňa Slobody

37 Podvečerná nálada z Turca

Early-evening mood from Turiec
Vorabendstimmung im Turiec-Gebiet

38 > Liptovská Mara a časť krajiny okolo vodného diela

Liptovská Mara and the landscape around the dam lake
Liptovská Mara und ein Teil der Landschaft rings um das Wasserkraftwerk

39 Bezovec, panoráma časti Považského Inovca

Bezovec, panorama of a part of Považský Inovec
Der Berg Bezovec im Panorama des Gebirges Považský Inovec

40   Vysoké a Belianske Tatry z hrebeňa Nízkych Tatier

The High Tatras and Belianske Tatry from the crest of the Low Tatras
Die Hohe Tatra und die Belaer Tatra vom Grat der Niederen Tatra aus

41 Oravská priehrada a Slanický ostrov v lete

The Orava dam lake, the islet Slanický ostrov in summer
Der Stausee Oravská priehrada und die Insel Slanica im Sommer

42 >   Podvečer na priehrade Veľká Domaša

Early evening on the dam lake Veľká Domaša
Vorabend auf dem Stausee Veľká Domaša

45 V areáli vodných športov pri Liptovskom Mikuláši

In the water sports complex near Liptovský Mikuláš
Im Areal für Wassersport bei Liptovský Mikuláš

46 > Hlavný tok Dunaja v Hrušove pred zatopením územia

The Danube's mainstream at Hrušov before the territory was submerged
Der Hauptstrom der Donau bei Hrušov vor der Überflutung des Gebietes

47   Lúčky, kúpanie pod travertínovými kaskádami

Lúčky, bathing beneath travertine cascades
Lúčky, beim Baden unterhalb der Travertinkaskaden

48 >   Termálne kúpaliská v Kováčovej pri Zvolene

A thermal swimming-pool at Kováčová near Zvolen
Die Thermalbäder in Kováčová bei Zvolen

◁ 49   Volovec Mengusovský od Mengusovského potoka

Volovec Mengusovský from the stream Mengusovský potok
Die Spitze Volovec Mengusovský vom Bach Mengusovský potok aus

50   Vysoké Tatry, Symbolický cintorín pod Ostrvou

The High Tatras, a Symbolic Cemetery below Ostrva
Die Hohe Tatra, der Symbolische Friedhof am Fuß der Spitze Ostrva

< **51**   Kriváň z Veľkej kopy Garajovej

The Kriváň peak from Veľká kopa Garajova
Die Spitze Kriváň vom Berg Veľká kopa Garajova aus

52   Panoráma Bielovodskej doliny vo Vysokých Tatrách

Panorama of the valley Bielovodská dolina in the High Tatras
Panorama des Tales Bielovodská dolina in der Hohen Tatra

53   Rysy, Vysoká a Ostrva od Štrbského plesa

Rysy, Vysoká and Ostrva from Štrbské pleso
Die Spitzen Rysy, Vysoká und Ostrva vom Bergsee Štrbské pleso aus

54 > Svah Kvetnicovej veže a Sliezsky dom v rannom svetle

The slope of Kvetnicová veža and Sliezsky dom in the early morning light
Der Abhang der Spitze Kvetnicová veža und das Berghotel Sliezsky dom

55 >> Vodopády Veľkého Studeného potoka vo Vysokých Tatrách

Waterfalls of the stream Veľký Studený potok in the High Tatras
Die Wasserfälle des Baches Veľký Studený potok in der Hohen Tatra

56 >> Vodopád Večný dážď vo Velickej doline

The waterfall Večný dážď (Perpetual Rain) in the valley Velická dolina
Der Wasserfall Večný dážď im Tal Velická dolina

57 >>> Lomnický a Kežmarský štít z Lomnického hrebeňa

The peaks Lomnický and Kežmarský štít from the Lomnický ridge
Die Spitzen Lomnický štít und Kežmarský štít vom Grat Lomnický hrebeň aus

< **58**   Štrbské pleso a Nízke Tatry, v pozadí Kráľova hoľa

Štrbské pleso and the Low Tatras – Kráľova hoľa in the backround
Der Bergsee Štrbské pleso und die Niedere Tatra, im Hintergrund der Berg Kráľova hoľa

59   Velická kopa z Tatranskej magistrály

Velická kopa from the Tatran arterial road "Magistrála"
Der Berg Velická kopa von der Tatra-Magistrale aus

< **60**   Vysoké Tatry z Rysov (pohľad západným smerom)

The High Tatras from Rysy (view in a westerly direction)
Die Hohe Tatra von der Spitze Rysy aus (Aussicht nach Westen)

61   Belianske Tatry pred búrkou

Belianske Tatry before a storm
Die Belaer Tatra vor einem Gewitter

Volovec a Ostrý Roháč od Tretieho Roháčskeho plesa

Volovec and Ostrý Roháč from the Third Roháče tarn
Die Spitzen Volovec und Ostrý Roháč vom Bergsee Tretie Roháčske pleso aus

Jarné ráno na Oraviciach (s Giewontom na horizonte)

Spring morning at Oravice (with Giewont on the horizon)
Ein Frühlingsmorgen in Oravice (mit der Spitze Giewont am Horizont)

64 Skalný útvar Mních v Tiesňavách Vrátnej doliny

Rocky formation Mních (Monk) at Tiesňavy in the valley Vrátna dolina
Die Felsformation Mních in der Talenge Tiesňavy im Tal Vrátna dolina

65 > Malá Fatra, jar pod Rozsutcom

Malá Fatra, spring below Rozsutec
Die Kleine Fatra, Frühling am Fuß des Berges Rozsutec

66 Hričovská ihla na okraji Súľovských skál

The Hričov Needle on the edge of the rocks Súľovské skaly
Die Felsformation Hričovská ihla am Rand der Felsengruppe Súľovské skaly

67 > Dobšinská ľadová jaskyňa, sieň „Cintorín"

The Dobšiná Ice Cave, the "Cemetery" hall
Der „Cintorín" (Friedhof) genannte Saal in der Eishöhle von Dobšiná

68   Gerlachovský štít v strede tatranskej panorámy

The Gerlach peak in the middle of a Tatran panorama
Die Spitze Gerlachovský štít inmitten des Tatrapanoramas

Nízke Tatry (Chopok a Ďumbier) z Derešov

The Low Tatras (Chopok and Ďumbier) from Dereše
Die Niedere Tatra (die Spitzen Chopok und Ďumbier) vom Gipfel Dereše aus

70 Ďumbier, Chopok, Dereše a Poľana spod vrcholu Sinej

Ďumbier, Chopok, Dereše and Poľana from the Siná summit
Die Spitzen Ďumbier, Chopok, Dereše und Poľana von unterhalb des Gipfels Siná

< **71** Zimná rozprávka z Martinských hôľ

A winter fairy tale from the downs Martinské hole
Ein Wintermärchen aus den Bergen Martinské hole

72 Babia hora, Rozsutec, Steny, Stoh a Hromové z Chlebu

Babia hora, Rozsutec, Steny, Stoh and Hromové from Chleb
Die Berge Babia hora, Rozsutec, Steny, Stoh und Hromové vom Gipfel Chleb aus

73 Čierny Kameň vo Veľkej Fatre z Veľkej Tureckej doliny

Čierny Kameň in Veľká Fatra from the valley Veľká Turecká dolina
Der Berg Čierny Kameň in der Veľká Fatra vom Tal Veľká Turecká dolina aus

74 > Zádielska dolina, štátna prírodná rezervácia

Zádielska dolina – a State nature reserve
Das Tal Zádielska dolina, ein staatliches Naturschutzgebiet

75 Kamenisté zemiačniská v Javorí

Rock-strewn potato fields at Javorie
Steinige Kartoffelfelder im Javorie-Gebiet

76 > Svahy Malých Karpát s vinohradmi

Slopes of the Little Carpathians with vinyards
Die Abhänge der Kleinen Karpaten mit ihren Weingärten

77 >   Kulháň, chránená rezervácia starých dubov

Kulháň, a protected reservation of old oak trees
Die Lokalität Kulháň, ein naturgeschützter Bestand alter Eichen

78 >>   Dobročský prales v Slovenskom rudohorí

The Dobroč primeval forest in the Slovak Ore Moutains
Der Urwald von Dobroč im Gebirge Slovenské rudohorie

< **79**   Vodná plocha Ružínskej priehrady spod Šivca

Water surface of the Ružín dam lake from below Šivec
Die Wasserfläche des Stausees Ružín am Fuß des Berges Šivec

80   Pieniny – plavba na plti prielomom Dunajca

Pieniny – Sailing on rafts down the Dunajec gorge
Das Pieninengebirge – eine Floßfahrt durch den Durchbruch des Flusses Dunajec

81 Pred východom slnka na Zemplínskej šírave

Before sunrise at Zemplínska šírava
Vor Sonnenaufgang auf dem Stausee Zemplínska šírava

3/ KAMENNÝ LETOPIS

Mráz, vietor i dážď rozrúšajú skaly, slnko vysúša zem
v neprestajnom oblúku. V betliarskom parku sa chlapci hrajú o guľky
v klobúku. Odkazy vlastníkov plné sú roztrúsených znamení: tu sarkofág,
tam erb či iniciály... Ktohovie, koľko tajomstiev ešte ukrýva kamenná
románska pamäť či renesančná nádhera stôp pokroku vpísaných do
architektúry?

V hradných nádvoriach trávy sa kolíšu, gotický oblúk zas
drôtuje pavúk... a tehly zo starých múrov na novú stavbu pozorne
s dedom vyberá vnuk.

K noblese dám vždy patril sluha i pán.

3/ ANNALS IN STONE

Frost and wind and rain cleave the rock, the sun in its unswerving arch the
earth doth parch. In the Betliare park boys flock to play ring-tow, throwing marbles from
their hat held low, to the song of a lark. The owner's messages intertwine with many an
artless or scultured sign: a sarcophagus here, a coat-of-arms, or simple initials, there...
Who knows the many a mystery that Romanesque memory of stone still conceals, or how
many traces of progress inscribed in architecture that renaissance splendour reveals?

In castle courtyards green grasses sway, while the spider spins its web
about the Gothic archway... And a gaffer with his grandson warily removes bricks from
old walls for a new building.

Ladies' noblesse always entailed a servant and a lordling.

3/ STEINERNE CHRONIK

Frost, Wind und Regen zerbröckeln die Felsen, die Sonne dörrt die Erde aus
in einem ununterbrochenen Kreislauf. Im Park von Betliar spielen die Knaben um Kugeln
im Hut. Die Vermächtnisse der Eigentümer sind voll von verstreuten Zeichen: hier ein
Sarkophag, dort ein Wappen oder Initialen... Wer weiß wieviele Geheimnisse noch jenes
romanische Gedächtnis birgt oder die Renaissancepracht der Spuren des Fortschritts,
eingemeißelt in die Architektur?

In den Höfen der Burgen wiegen sich die Gräser im Wind, einen gotischen
Bogen spannt wiederum die Spinne... und Ziegel aus alten Mauern sucht aufmerksam zu
einem neuen Bau der Enkel mit dem Großvater.

Zur Noblesse der Damen gehörte seit eh und je der Diener und der Herr.

A mediaeval canon in front of the Betliar château
Eine mittelalterliche Kanone vor dem Schloß in Betliar

◁ **83**   Hrad Beckov uzatvára Považský úval

The Beckov castle closes in the Váh valley
Die Burg Beckov schließt den Talgrund des Flusses Váh ab

84   Topoľčiansky hrad na okraji Považského Inovca

The Topoľčany castle on the edge of Považský Inovec
Die Burg Topoľčany am Rande des Gebirges Považský Inovec

85 Trenčín, vstup do Trenčianskeho hradu

Trenčín, entrance to the Trenčín castle
Der Eingang zur Burg Trenčín

86   Trenčiansky hrad vo večernom osvetlení

The Trenčín castle floodlit at night
Die Burg Trenčín bei der Abendbeleuchtung

87 >   Nádvorie kaštieľa v Topoľčiankach

Courtyard of the Topoľčianky castle
Der Hof des Schlosses in Topoľčianky

90   Budmerice, dom slovenských spisovateľov

Budmerice, a house of Slovak Writers
Schloß Budmerice, das Haus der slowakischen Schriftssteller

91 >   Novogotický kaštieľ v Rusovciach pri Bratislave

A neo-Gothic manor at Rusovce near Bratislava
Das neogotische Schloß in Rusovce bei Bratislava

92 >   Smolenický zámok v Malých Karpatoch

The Smolenice castle in the Little Carpathians
Schloß Smolenice in den Kleinen Karpaten

93 >>   Kaštieľ v Moravanoch nad Váhom pri Piešťanoch

A manor at Moravany nad Váhom near Piešťany
Das Schloß in Moravany nad Váhom bei Piešťany

94   Hrad Lietava pri Žiline

The Lietava castle near Žilina
Die Burg Lietava bei Žilina

95 >   Starý hrad, dominanta pri Strečne

Starý Hrad, a dominant feature near Strečno
Die Burg Starý hrad, eine Dominante bei Strečno

Spišský hrad, najväčší v strednej Európe

The Spiš castle, the largest one in Central Europe
Die Burg Spišský hrad, die größte Burganlage in Mitteleuropa

< **97**   Krajina povyše Oravského zámku

Landscape above the Orava castle
Landschaft oberhalb des Schlosses Orava

98   Banské jazero Klinger v Štiavnických vrchoch

The mine lake Klinger in the Štiavnica hills
Der Grubenteich Klinger in den Bergen Štiavnické vrchy

99 Zvolen, stredoveký kráľovský zámok

Zvolen, mediaeval royal castle
Zvolen, das mittelalterliche Königsschloß

100 > Zámok v Slovenskej Ľupči pri Banskej Bystrici

A manor at Slovenská Ľupča near Banská Bystrica
Das Schloß in Slovenská Ľupča bei Banská Bystrica

< **101** Plaveč, najsevernejší slovenský hrad

Plaveč, the most northerly Slovak castle
Plaveč, die nördlichste slowakische Burg

102 Bzovík, vo veži opevneného kláštora

Bzovík, inside the tower of a fortified cloister
Bzovík, im Turm des befestigten Klosters

< **103** Hrad Krásna Hôrka, protiturecká pevnosť Gemera

The castle Krásna Hôrka, an anti-Turkish fortress in Gemer
Die Burg Krásna Hôrka, eine Festung gegen die Türken im Gebiet Gemer

104 Turniansky hrad na okraji krasovej planiny

The Turňa castle at the foot of a karst plateau
Die Burg Turňa am Fuß eines Karstplateaus

105   Nitriansky hrad, komplex budov na Hradnom vrchu

The Nitra castle, a complex of buildings on the Castle Hill
Die Burg Nitra, der Gebäudekomplex auf dem Burghügel

106 >   Včasnorománska rotunda v Skalici

An early-Romanesque rotunda at Skalica
Frühromanische Rotunde in Skalica

107 >   Dóm sv. Alžbety v Košiciach

St Elizabeth's Cathedral at Košice
Der St.-Elisabethdom in Košice

108 >>   Hronský Beňadik, gotický kostol a kláštor

Hronský Beňadik, a Gothic church and monastery
Hronský Beňadik, die gotische Kirche und das Kloster

< **109** Piargska brána v Banskej Štiavnici

The Piarg Gate at Banská Štiavnica
Das Tor Piarg in Banská Štiavnica

110 Kalvária v Banskej Štiavnici

Calvary hill at Banská Štiavnica
Der „Kalvarienberg" in Banská Štiavnica

111   Panoráma Banskej Štiavnice s Kalváriou a Novým zámkom

Panorama of Banská Štiavnica with the Calvary and the New Castle
Panorama von Banská Štiavnica mit dem „Kalvarienberg" und dem Neuen Schloß

112   Kremnica; reštaurovaný, pôvodne gotický dom

Kremnica, an originally Gothic house, restored
Kremnica, ein restauriertes, ursprünglich gotisches Haus

113 >   Mestský hrad v Kremnici, národná kultúrna pamiatka

The Kremnica castle, a national cultural monument
Die Stadtburg in Kremnica, ein nationales Kulturdenkmal

ERECTA PER ATAVOS
DE CENERE THVRZO

FAVORE GRATI NEPOTIS
HILARII EX COMITIBVS CSÁKY
EXSTITI RENOVATA

114 Priečelie Turzovho domu v Levoči

Façade of the Thurzo house at Levoča
Die Stirnwand des Thurzohauses in Levoča

115 > Poprad-Spišská Sobota, oltár od Majstra Pavla z Levoče

Poprad-Spišská Sobota, an altar by Master Pavol of Levoča
Poprad-Spišská Sobota, ein Altar von Meister Paulus aus Levoča

116 >   Levoča, Judáš z Poslednej večere od Majstra Pavla

Levoča, Judas from the Last Supper by Master Pavol
Levoča, die Statue des Judas vom Letzten Abendmahl von Meister Paulus

117 >>   Apoštol Jakub od Majstra Pavla

The apostle James by Master Pavol
Der Apostel Jakobus von Meister Paulus

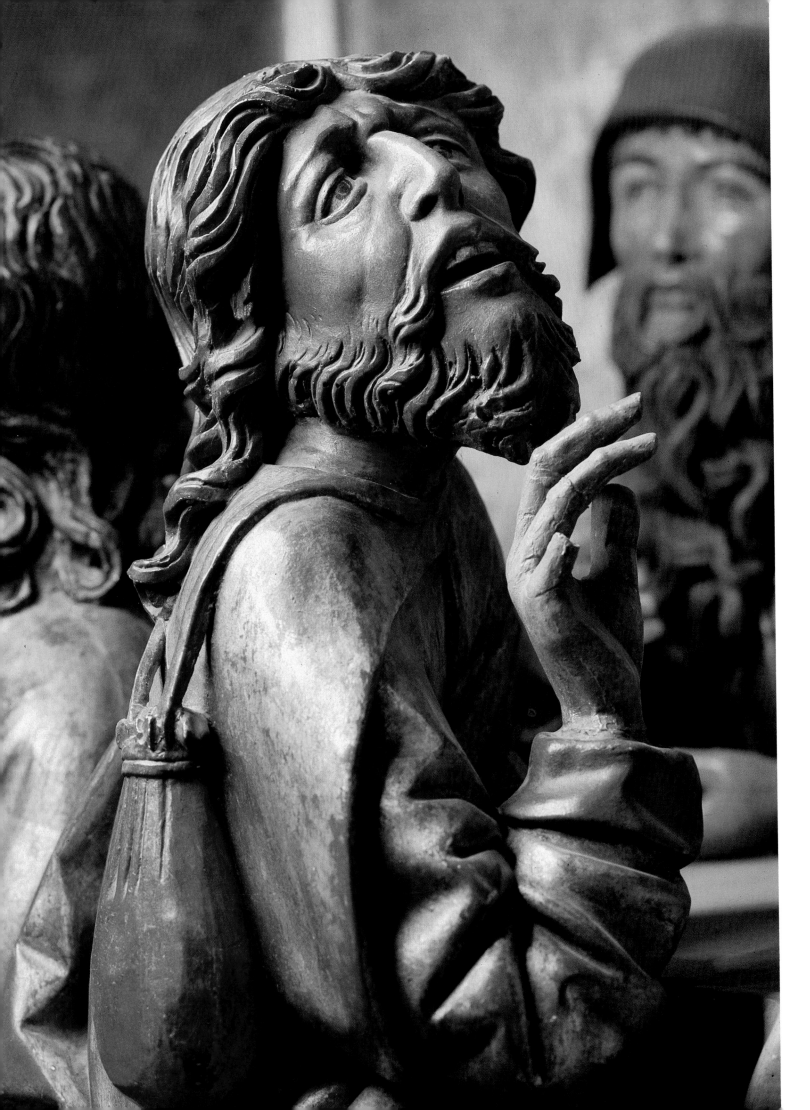

118   Levoča, renesančný portál v dome na námestí

Levoča, renaissance portal on a house in the square
Levoča, das Renaissanceportal eines Hauses auf dem Stadtplatz

119 >   Spišský Štvrtok, Kostol sv. Ladislava s kaplnkou Zápoľskovcov

Spišský Štvrtok, St Ladislaus's church with the Zapolya chapel
Spišský Štvrtok, die St.-Ladislauskirche mit der Kapelle der Adelsfamilie Zapolya

122 Bardejov, historický stred mesta

Bardejov, the historical core of the town
Bardejov, der historische Stadtkern

123   Bardejov, radnica a Kostol sv. Egídia

Bardejov, the Town Hall and St Egidius's church
Bardejov, das Rathaus und die St.-Ägidiuskirche

Kežmarok, nádvorie mestského hradu

125 Prešov, štuková výzdoba neskorobarokového domu

Kežmarok, courtyard of the town's castle
Kežmarok, der Hof der Stadtburg

Prešov, stucco decoration on a late-baroque house
Prešov, Stuckverzierung eines spätbarocken Hauses

ANNO 1 628

CHRISTOPHORVS ZINIE
IVVAVIT OPEM FERENDo
MERZEIDV PATRIASORSVS
OBIREVICES

QVANDOOPVS EX TRVCTM
FVDAMINE TOTO LADSA/SDE
ZINIE NOMEN DECVS & FVIT

E
DEM
OET

Renesančná veža kostola v obci Svinia

A renaissance church spire at the village Svinia
Renaissancekirchturm in der Gemeinde Svinia

Podolínec, renesančná zvonica

Podolínec, a renaissance belfry
Podolínec, der Renaissanceglockenturm

128 > Bočná loď gotického kostola v Štítniku

Side nave in a Gothic church at Štítnik
Das Seitenschiff der gotischen Kirche in Štítnik

129 >> Trnava, interiér Univerzitného kostola

Trnava, interior of the University church
Trnava, das Interieur der Universitätskirche

< **130**   Bratislava, Michalská veža v historickom jadre mesta

Bratislava, Michael's tower in the historical core of the town
Bratislava, der Michaelerturm im historischen Stadtkern

131   Bratislava, portál paláca maršála Leopolda Pálfiho

Bratislava, portal of Marshall Leopold Pálffy's palace
Bratislava, das Portal des Palastes des Marschalls Leopold Pálffy

V historickom strede starej Bratislavy

The historical core of ancient Bratislava
Das historische Zentrum von Alt-Bratislava

Bratislava, vstupná hala Grasalkovičovho paláca

Bratislava, entrance hall of the Grassalkovich palace
Bratislava, die Eintrittshalle des Grassalkowichpalais

Bratislava, English-made tapestries at the Primatial palace
Bratislava, die englischen Gobelins im Primatialpalais

135   Bratislava, tzv. Pompejská sieň v Starej radnici

Bratislava, the so-called Pompey Hall in the Old Town Hall
Bratislava, der sog. Pompejanische Saal im Alten Rathaus

Bratislava, gotický trojloďový halový Dóm sv. Martina

Bratislava, St Martin's Gothic three-nave cathedral
Bratislava, der gotische Hallendom des Hl. Martin

Hrad a Dóm sv. Martina, starobylé symboly mesta nad Dunajom

The castle and St Martin's cathedral, ancient symbols of the town on the Danube
Die Burg und der St.-Martinsdom sind altertümliche Symbole der Stadt an der Donau

4/ O ĽUDOVEJ KRÁSE

Do lazov po známom chodníčku kamennom s nami hopká
trasorítka, kŕdliku husičiek gágavých rajom je bystrá vodička plytká...
V maličkom okienku drevenice zostal krucifix, pátričky i zabudnutý
poldecák... A priestor a čas, tí najprísnejší strážcovia, nám ešte dovolia
v Ždiari, Lendaku či na Pohroní privolať obrázky sveta, čo poznala
stará mať...
Strážme ten nádherný čas, čas podvečerov, keď sa stmieva
a hrabačiek počuť hlas slovenskej zeme, čo ešte spieva...
Nenahraditeľné je čaro dávneho domova.

4/ ON FOLK BEAUTY

A wagtail skips along with us up the rocky trail to remote farmsteads
beyond the sun-drenched dale, the swift shallow water is an eden to a flock of goslings...
Up in the little window of a loghouse loom a crucifix, a rosary and forgotten noggins. And
space and time, these sternest of all guards, still permit us to evoke with the bards of Ždiar
and Lendak or the Hron valley, images familiar to our grandmammy.
Let us then cherish and recall the magnificient time, the time of early
evenings when dusk begins to fall, and in the rhyme of hay-making songs we hear the
voice of the Slovak soil that sill sings...
Matchless is the charm that from old rustic homes springs.

4/ ÜBER VOLKSTÜMLICHE SCHÖNHEIT

Über den bekannten steinigen Weg hüpft mit uns die Bachstelze in die
Rodeackersiedlungen, für die kleine Herde schnatternder Gänse ist das muntere, seichte
Bächlein ein Paradies... Im kleinen Fenster des Holzhäuschens ist ein Kruzifix, ein
Rosenkranz und ein Schnapsgläschen geblieben. Der Raum und die Zeit, diese strengsten
Wächter, erlauben es uns noch, in Ždiar, in Lendak und im Pohronie-Gebiet jene Bilder
von der Welt herbeizurufen, die unsere Großmutter kannte...
Hüten wir diese herrliche Zeit, die Zeit der Vorabende, wenn es dämmert
und die Stimmen der Schnitterinnen zu hören sind, die Stimme der slowakischen Erde,
die noch singt...
Unersetzlich ist der Zauber der alten Heimat.

Window of a house at Východná during the folklore festival
Das Fenster eines Hauses in Východná während des Folklorefestivals

< **139** Paličkovanie čipiek v Španej Doline

Making of bobbin laces at Špania Dolina
Spitzenklöppeln in der Ortschaft Špania Dolina

140 Bábika v tradičnom myjavskom ženskom odeve

A doll in the traditional female costume at Myjava
Eine Puppe in der traditionellen Frauentracht von Myjava

141   Pozdišovce, výrobca ľudovej keramiky

Pozdišovce, a maker of folk ceramic ware
Pozdišovce, ein Hersteller volkstümlicher Keramik

142 >   Trnava, holíčska fajansa z Parrákovej zbierky

Trnava, Holíč faïanse from Parrák's collection
Trnava, Fayence von Holíč aus der Parrákschen Sammlung

143   Tekovanky v krojoch na festivalových putovaniach

Women from Tekov in costumes at festival peregrinations
Frauen aus dem Gebiet Tekov in ihrer Tracht bei Festivalumzügen

144 >   Detvanec na folklórnych slávnostiach pod Poľanou v Detve

A Detva man at folklore festivities below Poľana at Detva
Ein Bursche aus der Gemeinde Detva beim Folklorefestival am Fuß des Berges Poľana in Detva

145 Pred posledným zachovaným ľudovým domom v Štrbe

In front of the last preserved folk house at Štrba
Vor dem letzten erhaltenen volkstümlichen Haus in Štrba

146 Terchovský muzikant z „Jánošíkovho kraja"

A Terchová musician from "Jánošík's Land"
Ein Musikant aus Terchová, der „Region Jánošíks"

147 Osemdesiatpäťročný ľudový spevák Chvastek z Terchovej

An eighty-five year old folk singer Chvastek from Terchová
Der 85-jährige volkstümliche Sänger Chvastek aus Terchová

Myjava, predvádzanie starých ľudových zvykov

Myjava, performance of old folk customs
Myjava, das Vorführen alter Volksbräuche

149   Ľudová architektúra v Čičmanoch, Radenov dom

Folk architecture at Čičmany, the Raden house
Volksbaukunst in Čičmany, das Radenasche Haus

150 >   Čičmianske ženy počas nakrúcania folklórneho filmu

Čičmany women taking part in a folkloric film
Frauen aus Čičmany bei der Aufnahme eines Folklorefilms

151   Podbiel, oravské ľudové zrubové domy

Podbiel, folk logwood houses in Orava
Podbiel, volkstümliche Blockhäuser in der Region Orava

152 >   Šaľa, typ ľudového domu z južného Slovenska

Šaľa, type of a southern Slovak folk house
Šaľa, der Typ eines südslowakischen volkstümlichen Hauses

153 > Koceľovce, kovanie kostolných dverí pôvodne gotického portálu

Koceľovce, wrought church door of an originally Gothic portal
Koceľovce, Türbeschläge eines ursprünglich gotischen Portals

154 >> Stará Halič, renesančná drevená zvonica pri kostole

Stará Halič, a renaissance wooden belfry near the church
Stará Halič, ein hölzerner Renaissanceglockenturm neben der Kirche

Náhrobník z Madačky, zo zbierok Etnografického múzea v Martine

156 Drevený kostol v Miroli

Tombstone from Madačka in the collections of the Ethnographic Museum at Martin
Ein Grabstein aus Madačka, aus den Sammlungen des Ethnographischen Museums in Martin

A wooden church at Miroľa
Die Holzkirche in Miroľa

157   Svätý Kríž, artikulárny drevený ev. kostol zo zatopenej Paludze

Svätý Kríž, an articular wooden Evangelical church from the submerged village Paludza
Svätý Kríž, die evangelische Artikular-Holzkirche aus der überfluteten Gemeinde Paludza

158   >   Interiér artikulárneho dreveného kostola v Hronseku pri Sliači

Interior of an articular church at Hronsek near Sliač
Das Interieur der Artikular-Holzkirche in Hronsek bei Sliač

159   Jedlinka, typ dreveného kostola východného rítu

Jedlinka, type of a wooden church of the Eastern rite
Jedlinka, Typ einer Holzkirche östlichen Ritus

160 >   Leštiny, artikulárny drevený ev. kostol

Leštiny, an articular wooden Evangelical church
Leštiny, evangelische Artikular-Holzkirche

161 Kópie gotického rezbárstva vo Zvolenskom zámku

Copies of Gothic wood-carving at the Zvolen castle
Kopien gotischer Holzschnitzerei im Schloß Zvolen

162 > Madona zo Sásovej (sv. Žofia), gotická maľba

Madonna from Sásová (St Sophia) a Gothic painting
Die Madonna aus Sásová (die Hl. Sophia), gotisches Gemälde

163   Bronzové dvere z vínnej pivnice Spišského hradu

A bronze door from a wine-cellar at the Spiš Castle
Bronzetür aus dem Weinkeller in der Zipser Burg

164 >   Z expozície ikon Šarišského múzea v Bardejovských Kúpeľoch

From an icon exhibition of the Šariš Museum at the Bardejov Spa
Aus der Ikonenexposition des Šariser Museums in Bardejovské Kúpele

S·Elizabet·

Sebede(...

·S·Iohānes·bapt

Ŝ·Iacobꝰ·a·ꝯ

maria·Salome·

< **165** Smrečany, detail maľby z bočného neskorogotického oltára

Smrečany, detail of a painting from a late-Gothic side altar
Smrečany, Detail des Gemäldes vom spätgotischen Nebenaltar

166 Rimavské Brezovo, nástenná maľba zo 14. storočia

Rimavské Brezovo, a mural painting from the 14th century
Rimavské Brezovo, Wandgemälde aus dem 14. Jahrhundert

Vlkolínec, dedina chránenej ľudovej architektúry

Vlkolínec, a protected village of folk architecture
Vlkolínec, ein Dorf mit unter Naturschutz stehender Volksbaukunst

Bardejovské Kúpele, Múzeum ľudovej architektúry Šariša

Bardejovské Kúpele, Museum of folk architecture of Šariš
Bardejovské Kúpele, Museum der Volksbaukunst im Gebiet Šariš

Špania Dolina, a miner's house from the 19th century
Špania Dolina, Bergarbeiterhaus aus dem 19. Jahrhundert

Ždiar, a folk house adjusted as a tourist hostel
Ždiar, ein volkstümliches Wohnhaus, adaptiert zum Einquartieren von Touristen

173   Múzeum slovenskej dediny v Martine

Museum of the Slovak Village at Martin
Das Museum des slowakischen Dorfes in Martin

174 Ľudový trojpriestorový dom v Bartošovej Lehôtke

A three-room folk house at Bartošova Lehôtka
Ein volkstümliches Dreiraumhaus in Bartošova Lehôtka

175, 176 > Mladé ženy a muž v goralských krojoch z hornej Oravy

Young women and a man in the Goral costumes from Upper Orava
Junge Frauen und ein Mann in goralischer Tracht aus dem oberen Orava-Gebiet

< **177**   Múzeum ľudovej architektúry Oravy v Brestovej pri Zuberci

Open-air Museum of folk architecture of Orava at Brestová near Zuberec
Das Museum der slowakischen Volksarchitektur in Brestová bei Zuberec

178   Liptovské Revúce, drevený staroliptovský dom

Liptovské Revúce, an old-Liptov wooden house
Liptovské Revúce, ein altes Holzhäuschen in der Region Liptov

5/ STRETNUTIA STOROČÍ

Tam v horách, kde kolesá ťažkých tatroviek miesia vodu
s hlinou a kamením, študenti merajú zabudnuté trasy lesného vláčika
s nostalgickým znamením. Dávno už zapadla banská sláva Slovenského
rudohoria, inde sa k nebu dvíhajú stavby a bagre vyhrýzajú nové kanály na
riečne plavby.

Kto to dnes, zakryjúc si oči, na všeličo dobré zabudol? To
architekti, či len betónoví králi a hviezdnou chorobou pomýlení ministri
v čudnom slepom kruhu stáli?

Ich, vás i nás rozsúdi čas.

5/ MEETINGS OF CENTURIES

Over in the mountains where the wheels of heavy-duty Tatra trucks knead
clay and rocks with rain, students in a nostalgic mood survey long-forgotten tracks of
a forest train. The mining glory has long since ceased trailing the Slovak Ore Mountains;
quite different buildings are rising up elsewhere, with fountains, while excavators scoop
out new channels for river sailings.

Who are they who veiling their eyes, have forgotten today! And so many
good things, pleasant and gay! Architects? or simply kings of the concrete? and
misguided ministers with the starry disease replete, who stood in a queer blind ring?

Time will pass judgment on them, on you and us, on menial and king.

5/ BEGEGNUNGEN DER JAHRHUNDERTE

Dort in den Bergen, wo die Räder der schweren Lastwagen das Wasser mit
Lehm und Steinen vermengen, vermessen Studenten die vergessenen Trassen der
Waldschmalspurbahn mit ihrem nostalgischen Zeichen. Längs vergangen ist der Ruhm
und die Herrlichkeit des Bergbaus im Slowakischen Erzgebirge, an anderen Orten erheben
sich neue Bauten zum Himmel und Bagger graben neue Kanäle für die Flußschiffahrt.

Wer hat heute, sich die Augen bedeckend, auf soviel Gutes vergessen? So
standen also Achitekten oder nur Betonkönige und von der Sternkrankheit irregeleitete
Minister in diesem sonderbaren blinden Kreis?

Über sie, über uns und auch über euch wird die Zeit entscheiden.

Zvyšok železiarskeho hámra nad Nižným Medzevom

Remnants of an old hammer-mill above Nižný Medzev
Reste eines alten Eisenhammerwerkes oberhalb von Nižný Medzev

180 Sirk-Červeňany, slovenská vysoká pec z 19. storočia

Sirk-Červeňany, a Slovak blast-furnace from the 19th century
Sirk-Červeňany, ein slowakischer Hochofen aus dem 19. Jahrhundert

181 > Stará lesná železnica pri Čiernom Balogu

An old forest railway track near Čierny Balog
Die alte Waldschmalspurbahn bei Čierny Balog

Oheň neba a zeme nad Slovnaftom v Bratislave

Fire of heaven and earth glowing above Slovnaft in Bratislava
Feuer des Himmels und der Erde über dem chemischen Kombinat Slovnaft in Bratislava

Živá krása ocele z Považských strojární

Live beauty of steel from the Považie Engineering Works
Lebendige Schönheit des Stahls in der Maschinenfabrik Považské strojárne

Dom kultúry

184   Skalica, prvý slovenský Dom kultúry

Skalica, the first Slovak House of Culture
Skalica, das erste slowakische Haus der Kultur

185 >   Považská Bystrica, vitráže Spoločenského domu

Považská Bystrica, Vitrage of the Social Centre
Považská Bystrica, Vitragen im Gesellschaftshaus

186   Dom kultúry a hotel Lux v Banskej Bystrici

House of Culture and hotel Lux at Banská Bystrica
Das Haus der Kultur und das Hotel Lux in Banská Bystrica

187   Dom umenia Slovenskej filharmónie v Piešťanoch

House of Art of the Slovak Philharmonic at Piešťany
Das Haus der Kunst der Slowakischen Philharmonie in Piešťany

Bratislava, the Slovak National Gallery
Bratislava, die Slowakische Nationalgalerie

189   Martin, detail tretej budovy Matice slovenskej na Hostihore

Martin, detail of the third building of the Slovak Foundation at Hostihora
Martin, Detail des drittes Gebäudes der Matica slovenská auf dem Hügel Hostihora

190   Interiér Veľkej sály Domu odborov v Bratislave

Interior of the Grand Hall of the TUC House in Bratislava
Das Interieur des Großen Saales im Haus der Gewerkschaften in Bratislava

191 >   Sanatórium Krym a hotel Jalta v Trenčianskych Tepliciach

Sanatorium Krym and the hotel Jalta at Trenčianske Teplice
Das Sanatorium Krym und das Hotel Jalta in Trenčianske Teplice

192   Kúpele Dudince, bývalá zotavovňa „Červená hviezda"

The spa Dudince, the former sanatorium "Červená Hviezda" (Red Star)
Der Kurort Dudince, das ehemalige Erholungsheim „Roter Stern"

193 >   Piešťany, liečebný dom Balnea Esplanade

Piešťany, the sanatorium Balnea Esplanade
Piešťany, das Kurhaus Balnea Esplanade

196   Nemocnica s poliklinikou v Banskej Bystrici

Hospital and policlinic at Banská Bystrica
Das Krankenhaus mit der Poliklinik in Banská Bystrica

197 >   Žilina, budova podniku Oceľové konštrukcie

Žilina, the building of the works Steel Constructions
Žilina, das Verwaltungsgebäude des Betriebs Oceľové konštrukcie

198   Nemocnica s poliklinikou v Galante

Hospital with policlinic at Galanta
Das Krankenhaus mit der Poliklinik in Galanta

199 >   Administratívna budova v centre Považskej Bystrice

An administrative building in the centre of Považská Bystrica
Ein Verwaltungsgebäude im Zentrum von Považská Bystrica

Panelová bytová výstavba v Prievidzi

Prefabricated house construction at Prievidza
Der Wohnungsbau aus Fertigteilen in Prievidza

Fontána na Mierovom námestí v Lučenci

A fountain on the Peace Square at Lučenec
Der Springbrunnen auf dem Friedensplatz in Lučenec

Divadlo Jonáša Záborského v Prešove

The Jonáš Záborský theatre at Prešov
Das Jonáš-Záborský-Theater in Prešov

Nitra, časť objektov Vysokej školy poľnohospodárskej

Nitra, part of buildings of the College of Agriculture
Nitra, ein Teil der Gebäude der Hochschule für Landwirtschaft

204   Nemocnica s detskou poliklinikou v Košiciach

Hospital with a paediatric clinic at Košice
Das Krankenhaus und die Kinderpoliklinik in Košice

205 >   Bratislava, administratívna budova Incheby vo výstavnom komplexe

Bratislava, Incheba's administrative building in the exhibition complex
Bratislava, das Verwaltungsgebäude der Incheba im Ausstellungskomplex

206 > Bratislava, televízny vysielač na Kamzíku

Bratislava, the TV transmitter atop Kamzík hill
Bratislava, der Fernsehsender auf dem Hügel Kamzík

207 >> Stavebná fakulta Slovenskej technickej univerzity v Bratislave

The Building Faculty of the Slovak University of Technology in Bratislava
Die Fakultät für Bauwesen der Slowakischen Technischen Universität in Bratislava

< **208**   Stará Bratislava a výstavba Petržalky zo Slavína

The Old Bratislava and housing construction at Petržalka from Slavín
Die Altstadt von Bratislava und die Neubauten im Stadtteil Petržalka vom Hügel Slavín aus

209   Prelínanie starej a novej Bratislavy

Overlapping of the old and the new Bratislava
Bratislava, Altes vermischt sich mit Neuem

210   Budova Slovenského rozhlasu v Bratislave

The building of the Slovak Broadcasting Corporation in Bratislava
Das Gebäude des Slowakischen Rundfunks in Bratislava

211   Bratislava, Štátny ústredný archív Slovenskej republiky

Bratislava, the State Central Archives of the Slovak republic
Bratislava, das Staatliche Zentralarchiv der Slowakischen Republik

212 >   Univerzálna prevádzková budova v Bratislave-Petržalke

A general operations building in Bratislava-Petržalka
Ein universales Betriebsgebäude in Bratislava-Petržalka

213 Bratislava, Most SNP a Dunaj z vtáčej perspektívy

Bratislava, the SNP bridge and the Danube from a bird's eye view
Bratislava, die Brücke des Slowakischen Nationalaufstandes und Donau aus der Vogelperspektive

6/ PREKROČIŤ HRANICU ČASU

Neprajníci nám predhadzovali, že sme nemali osobnosti, dejiny, vraj žili sme len tak pre seba, pre naše deti, rodiny. Aj my sme však mali svojich, čo za spravodlivosť pozdvihli svoj hlas, dávali nádej aj neistotám v nás. Život vždy potrebuje smelých, čo chcú a vedia ísť vpredu, burcujú národ, boria staré, objavujú neznáme, posúvajú poznanie, rozširujú vedu.

Svoje činy vždy len podľa najlepších prichodí nám merať: mladým v nádeji pre život a starým, keď treba sa zberať.

Čo nestihol otec, dokončí syn.

6/ TO CROSS THE FRONTIER OF TIME

Ill-wishers railed at us that we have had no personalities; allegedly we lived our history just for ourselves, our children, families. Yet, we too have had ours, such as raised their voice for justice and imparted hope also to the uncertainties within us. Life has always need of the brave who wish and know how to go forward, rouse the nation, demolish what is old, uncover the unknown, advance knowledge and extend science.

We should always measure our deeds solely against the best: the young in the hope for life, the old when summoned to rest.

What father could not do, will be done by his son — a test.

6/ DIE GRENZE DER ZEIT ÜBERSCHREITEN

Die Mißgünstigen warfen uns vor, wir hätten keine Persönlichkeiten, keine Geschichte gehabt, daß wir nur so für uns, für unsere Kinder, unsere Familien dahingelebt hätten. Aber auch wir hatten unsere Leute, die für die Gerechtigkeit ihre Stimme erhoben und auch den Unsicherheiten in uns Hoffnung gaben. Das Leben braucht immer Kühne, die voran gehen wollen und können, die Nation wachrütteln, das Unbekannte entdecken, die Erkenntnis voranschieben, die Wissenschaft erweitern.

Unsere Taten müssen wir an den Besten messen: den Jungen in der Hoffnung auf das Leben und den Alten wenn es heißt Abschied zu nehmen.

Was der Vater nicht erreicht hat, wird der Sohn vollenden.

214 > Spišská Belá, v rodnom dome vedca a profesora Jozefa M. Petzvala

Spišská Belá, in the scholar and professor Jozef M. Petzval's native house

Spišská Belá, Geburtshaus des Wissenschaftlers und Professors Jozef M. Petzvals

215   Borský Mikuláš, pamätná tabuľa na rodnom dome básnika Jána Hollého   **216**   Uhrovec, rodný dom národného buditeľa Ľudovíta Štúra

Borský Mikuláš, commemorative tablet on poet Ján Hollý's native house   Uhrovec, native house of the national awakener Ľudovít Štúr
Borský Mikuláš, die Gedenktafel am Geburtshaus des Dichters Ján Hollý   Uhrovec, das Geburtshaus des nationalen Erweckers Ľudovít Štúr

218   Kremnica, pomník Ďurkovi Langsfeldovi na mieste popravy

Kremnica, monument to Ďurko Langsfeld at the site of his execution
Kremnica, das Denkmal Ďurko Langsfelds an der Stätte seiner Hinrichtung

217   Dolný Kubín, pamätník rodákovi Jankovi Matuškovi

Dolný Kubín, monument to its native Janko Matuška
Dolný Kubín, das Denkmal des hiesigen Landsmanns Janko Matuška

219   Hnúšťa-Likier, pamätník rodákovi Jánovi Franciscimu

Hnúšťa-Likier, monument to its native Ján Francisci
Hnúšťa-Likier, das Denkmal des Landsmanns Ján Francisci

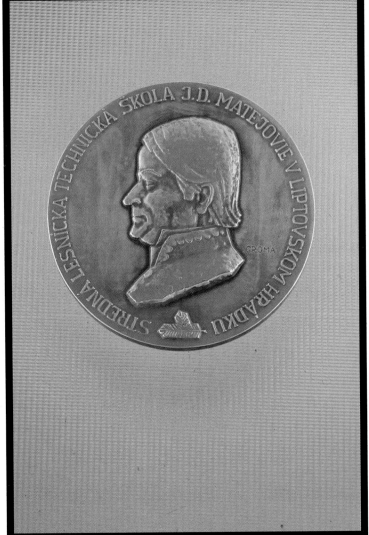

220   Banská Bystrica, Štefan Moyses, prvý predseda Matice slovenskej

Banská Bystrica, Štefan Moyses, the first Chairman of the Slovak Foundation
Banská Bystrica, Štefan Moyses, der erste Vorsitzende der Matica slovenská

221   Náhrobník Andreja Kmeťa, organizátora slovenského vedeckého života

Tombstone of Andrej Kmeť, organizer of Slovak scientific life
Das Grabmal Andrej Kmeťs, des Organisators des slowakischen wissenschaftlichen Lebens

222   Medaila J. Dekreta Matejovie, priekopníka lesného hospodárstva

A medalof J. Dekret Matejovie, pioneer of forestry economy
Gedenkmedaille an J. Dekret-Matejovie, eines Pioniers der Forstwirtschaft

223   Dolný Kubín, z interiéru spisovateľa Pavla O. Hviezdoslava

Dolný Kubín, interior of the writer Pavol O. Hviezdoslav's study
Dolný Kubín, aus dem Interieur der Pavol O. Hviezdoslav-Exposition

224   Jasenová, rodný dom Martina Kukučína, slovenského realistu

Jasenová, native house of Martin Kukučín, a slovak realist writer
Jasenová, das Geburtshaus Martin Kukučíns, eines slowakischen realistischen Schriftstellers

225   Bratislava, pamätník Štefana Baniča, vynálezcu pružinového padáka

Bratislava, monument to Štefan Banič, inventor of the spring parachute
Bratislava, das Denkmal Štefan Baničs, des Erfinders des Springfederfallschirms

226   Tajov, rodný dom Jozefa Murgaša, vynálezcu v oblasti rádiotelegrafie

Tajov, native house of Jozef Murgaš, inventor in the domain of radiotelegraphy
Tajov, das Geburtshaus Jozef Murgašs, eines Erfinders auf dem Gebiet der Radiotelegraphie

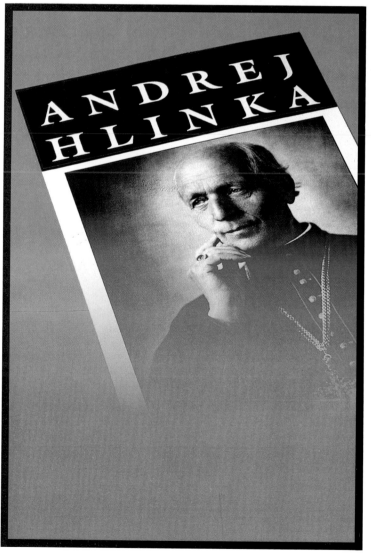

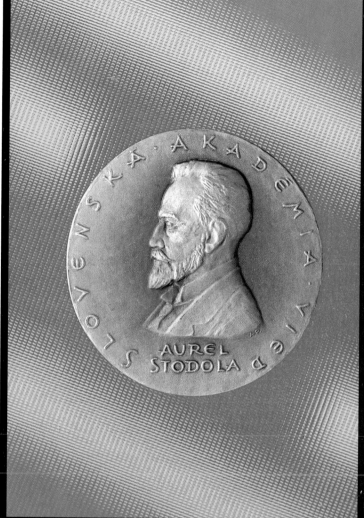

228   Ružomberok, slovenský politik Andrej Hlinka

Ružomberok, Slovak statesman Andrej Hlinka
Ružomberok, der slowakische Politiker Andrej Hlinka

227   Samuel Jurkovič, tvorca družstevného úverového podnikania

Samuel Jurkovič, founder of cooperative credit enterprising
Samuel Jurkovič, der Schöpfer des genossenschaftlichen Kreditwesens

229   Vedec Aurel Stodola na medaile Slovenskej akadémie vied

The scholar Aurel Stodola on a medal of the Slovak Academy of Sciences
Aurel Stodola auf einer Medaille der Slowakischen Akademie der Wissenschaften

231 Náhrobník Mikuláša Galandu na Národnom cintoríne v Martine

Tombstone of Mikuláš Galanda at the National Cemetery at Martin
Das Grabmal Mikuláš Galandas auf dem Nationalen Friedhof in Martin

232 Slavošovce, Pavol Dobšinský, zberateľ slovenských rozprávok

Slavošovce, Pavol Dobšinský, collector of popular tales
Slavošovce, Pavol Dobšinský, ein Sammler slowakischer Märchen

233 > Martin Benka: „Odolnosť", olejomaľba (1942)

Martin Benka: ''Resistance'', oil (1942)
Martin Benka: „Die Widerstandskraft", Ölgemälde (1942)

230 Ružomberok, interiér Galérie Ľudovíta Fullu

Ružomberok, interior of the Ľudovít Fulla Gallery
Ružomberok, das Interieur der Ľudovít-Fulla-Galerie

234 >> Hra s časom v kvapkách breznianskej fontány

Play with time in drops of the Brezno fountain
Das Spiel mit der Zeit in den Tropfen des Springbrunnens in Brezno

TEXTY K FOTOGRAFIÁM

Slovenský raj, Spišské vrchy a časť Slovenského rudohoria z Kráľovej hole
(na titulnej dvojstrane)

1

Sútok riek Dunaja a Moravy z hradu Devín. Na vyvýšenine nad sútokom oboch riek bol vybudovaný malý hrad už pred 13. storočím, aby chránil dôležitú križovatku ciest a brod cez rieku Moravu. V čase slovenského národného obrodenia sa ruiny hradu stali pre štúrovcov symbolom zašlej slávy našich predkov. Objekt hradu je národnou kultúrnou pamiatkou.

2

Predhistorická venuša z Moravian nad Váhom zo staršej doby kamennej je najstarším dokladom výtvarného prejavu na Slovensku. Soška z mamutoviny veľkosti priemerného obilného klasu sa nachádza v Klenotnici Slovenského národného múzea na Bratislavskom hrade.

3

Skrčenci zo štvorhrobu v Barci pri Košiciach, kde bolo lokalizované ojedinelé pohrebisko (vyše 100 hrobov) zo začiatku bronzovej doby. Kostra matky s dieťaťom je vo Východoslovenskom múzeu v Košiciach.

4

Reliéf z vykopávok rímskej stanice Gerulata v Rusovciach na pieskovcovej polychrómovanej platni z konca 1. polovice 2. storočia n. l. znázorňuje mýtus o Daidalovi a Ikarovi. V zábere je reliéf spolu s jeho súčasným idealizovaným odliatkom.

5

Mohylová rituálna keramika z Nových Košarísk a Dunajskej Lužnej v Klenotnici Slovenského národného múzea na Bratislavskom hrade.

6

Keltské mince typu Biatec z územia Bratislavy v expozícii Klenotnice Slovenského národného múzea pripomínajú, že na juhozápadnom Slovensku sa po keltskom kmeni Bójov našlo štrnásť pokladov strieborných mincí z 1. pol. 1. stor. pr. n. l.

7

Ducové-Kostolec, veľmožský feudálny dvorec s rozlohou asi pol hektára v severovýchodnej časti Piešťan. Je rekonštrukciou výšinného veľkomoravského obydlia fortifikačného charakteru z 2. polovice 9. storočia.

8

Základy veľkomoravskej baziliky na Bratislavskom hrade z 2. polovice 9. storočia sú pamiatkovou úpravou archeologického nálezu doteraz najväčšej známej veľkomoravskej sakrálnej stavby na Slovensku.

9

Veľkomoravský motív ako výzdoba brány múzea v Nitre so symbolickými postavami od sochárky Ľudmily Cvengrošovej. Pripomína slávu Nitry z čias Veľkomoravskej ríše.

10

Košický zlatý poklad vo Východoslovenskom múzeu má veľký význam z hľadiska našej i európskej numizmatiky. Poklad našli roku 1935 v tzv. Rákociovskom dome. Obsahuje 2 920 mincí, 3 medaily a reťaz (spolu takmer 11 kg zlata), pochádzajúcich z 15.—17. storočia.

11

Miklušova väznica, dom posledného košického kata. V pôvodne gotických, neskôr prestavaných budovách bolo takmer 300 rokov väzenie (až do roku 1909).

12

Dereš — lavica represívnej výchovy — spolu s väzeniami (ešte aj

v 19. storočí) neboli určené len pre obyčajných kriminálnikov, ale aj pre mnohých vlastencov, obhajcov sociálnych, národných a politických práv.

13

Jánošíkova družina, gobelín od Šáry a Janka Alexyovcov zo zbierok Slovenskej národnej galérie, vysoký takmer 4 metre. Jánošíkovská tradícia protifeudálneho odboja ľudu je dodnes inšpirujúcim zdrojom nášho umenia.

14

Expozícia Jánošíkovho väzenia v kaštieli Vranovo, sprístupnená roku 1982 Múzeom Janka Kráľa v Liptovskom Mikuláši. Jánošíka (narodeného roku 1688 v Terchovej) po zlapaní v marci 1713 väznili vo Vranovskom kaštieli a toho istého roku popravili (obesením za rebro) v Mikuláši.

15

Pamätník východoslovenského roľníckeho povstania v Haniske. V lete roku 1831 sa v 150 obciach východného Slovenska vzbúrilo vyše 40 000 roľníkov proti krutému útlaku a vykorisťovaniu, zavŕšenému hladomorom. (Inšpirovali ich aj revolučné udalosti vo Francúzsku a blízkom Poľsku.) Povstanie bolo krvavo potlačené — 119 účastníkov vzbury obesili a 4 000 poddaných odsúdili na žalárovanie a palicovanie. Pamätník — národnú kultúrnu pamiatku — vytvoril roku 1938 J. Pospíšil.

16

Väzba stanov Matice slovenskej v Martine prvého celonárodného spolku, ktorú korálkovou výšivkou vyzdobila podľa návrhu maliara J. B. Klemensa Anna Francisciová, manželka predsedu prípravného výboru Memoranda národa slovenského. Programový dokument slovenských národných požiadaviek uhorskému snemu z roku 1861 žiadal svojbytnosť slovenského národa a zrovnoprávnenie slovenčiny v Uhorsku.

17

Múzeum Slovenských národných rád v Myjave je národnou kultúrnou pamiatkou. Tu, v Kolényiovskom dome, sídlil v rokoch meruôsmych hlavný stan slovenského povstania a prvá slovenská vláda — Slovenská národná rada.

18

Brezová pod Bradlom, mohyla Milana Rastislava Štefánika na Bradle, spolutvorcu česko-slovenskej štátnosti z roku 1918. Keď sa 4. mája 1919 vracal z Talianska vojenským lietadlom Caproni do Bratislavy, krátko pred pristátím sa dvojplošník nevysvetliteľne zrútil vo Vajnoroch na zem a Štefánik so sprievodom zahynul. Mohyla postavená v rokoch 1927—1928 je dielom nár. umelca arch. Dušana Jurkoviča.

19

Expozícia drotárstva Považského múzea v Žiline približuje tvrdý život a prácu, ale aj nadanie jednoduchých slovenských ľudí, ktorých bieda a národnostný útlak hromadne vyháňali z domoviny (len v rokoch 1871—1914 sa vysťahovalo 700 000 osôb a v rokoch 1920—1938 ďalších 220 000 obyvateľov).

20

Ružomberok, pamätník obetiam černovského krviprelatia (27. 10. 1907) pri spore o vysvätenie kostola farárom A. Hlinkom, ktorému maďarský biskup Párvy pre účasť v slovenskom národnom hnutí odňal právo vykonávať kňazskú funkciu. Keď maďarskí kňazi chceli nasilu vysvätiť kostol, žandári použili strelné zbrane, pričom zastrelili 14 osôb, 10 ťažšie a 60 ľahšie zranili. Ďalšie osoby (muži i ženy) dostali ešte viac ako 36 rokov žalára.

21

Kalište, povstalecká obec vypálená fašistami. Na Slovensku bolo počas 2. svetovej vojny vypálených vyše 60 obcí. Za pomoc partizánom fašisti 18. marca 1945 Kalište vypálili a 13 občanov zavraždili. Pietne upravený priestor zničeného Kališťa je od roku 1963 národnou kultúrnou pamiatkou.

22

Múzeum Slovenského národného povstania v Banskej Bystrici (založené roku 1955). Budova Pamätníka je dielom Ing. arch. D. Kuzmu. Expozície múzea boli sprístupnené roku 1969 a znovu-vybudované roku 1984 a 1990. V pozadí záberu je bašta – zvyšok fortifikačných stavieb stredovekého opevnenia mesta.

23

Povstalecký vlak Štefánik pri Zvolenskom zámku je jedným z troch pancierových vlakov, vyrobených zvolenskými železni-čiarmi na pomoc Slovenskému národnému povstaniu. Posádka vlaku (70 mužov) sa zúčastnila na viacerých bojoch.

24

Detail pamätníka Karpatsko-duklianskej operácie (8. 9.–28. 10. 1944) vo Svidníckom sedle, ktorá sa uskutočnila na pomoc Slovenskému národnému povstaniu. Na Národnom cintoríne je tu pochovaných 563 českých a slovenských a vo Svidníku vyše 9 000 sovietskych vojakov.

25

Výzdoba interiéru v Dome Košického vládneho programu. V sále domu bol 5. apríla 1945 na slávnostnom zhromaždení vlády a Slovenskej národnej rady schválený programový doku-ment prvej povojnovej vlády Národného frontu Čechov a Slová-kov, ktorý vytýčil úlohy a ciele národnej a demokratickej revolú-cie v Československu. V praxi sa však nerealizoval.

26

Dráma stromu, dráma života. V slovenských horách už dávno neznejú vojnové výstrely. Kde-tu sa ešte nájdu zhrdzavené zbrane, zahrmí hrom a blesk rozčesne statného velikána.

27

Hrob Neznámeho vojaka v Liptovskom Mikuláši na vojenskom cintoríne na kopci Háj. Počas dvojmesačných bojov o mesto padlo 1 400 bojovníkov česko-slovenských a sovietskych jed-notiek. Mená desiatok z nich zostanú už asi navždy neznáme.

28

Bratislava-Slavín, pamätník sovietskym vojakom patrí k výraz-ným dominantám bratislavskej panorámy. Na Slavíne je pocho-vaných 6 845 sovietskych vojakov, ktorí padli pri oslobodzovaní Bratislavy. Pamätník vybudovali v rokoch 1960–1965 podľa projektu J. Svetlíka, umeleckú výzdobu vytvorili T. Bartfay, D. Castiglione, J. Krén, J. Kulich, J. Kostka, L. Snopek a R. Pribiš. Areál pamätníka je národnou kultúrnou pamiatkou.

29

Drôtené ostnaté dvojzátarasy na rakúsko-slovenskej hranici boli dokladom vojensky rozdelenej povojnovej Európy až do decembra 1989. Sláva víťazom vojny a čudná ohrada pre oslobodených boli dvoma stranami tej istej politickej mince.

30

Sieň federácie na Bratislavskom hrade bola dňa 28. októbra 1968 miestom dôležitého štátnopolitického aktu – podpísania Zákona o československej federácii. Týmto štátoprávnym uspo-riadaním vstúpilo Československo do novej etapy svojho vývinu.

31

Bratislavský hrad z nádvoria od severu. Roku 1811 hrad vyhorel a odvtedy pustol (volali ho „obrátenou stoličkou Márie Teré-zie"). Novej slávy sa dožil až po 2. svetovej vojne. Po rekonštruk-cii slúži od roku 1962 na reprezentačné účely Slovenskej národ-nej rady, je tiež sídlom Historického múzea a expozícií Sloven-ského národného múzea. Hrad je národnou kultúrnou pa-miatkou.

32

Bukový les na svahoch Bielych Karpát. Ukážka lesného bohat-stva, ktoré tvorí až 38 % plochy Slovenska. Intenzívna ťažba dreva sa vyrovnáva starostlivosťou o lesy a rozširovaním lesných porastov.

33

Okolie Gašparovej v Malých Karpatoch je ideálnym miestom pre menej náročných turistov, ktorí radi vyhľadávajú rekreáciu v slnečných údoliach s listnatými lesmi.

34

Cesta a stromoradie pri Nevericiach medzi Nitrou a Zlatými Moravcami v náladovej atmosfére.

35, 36

Viacvrstvové lekná Demänovskej jaskyne Slobody. Krasové bohatstvo Slovenska patrí k najväčším na svete. Malé Slovensko sa pýši vyše 150 jaskyňami na bezmála 3 000 km² krasového územia. Sprístupnených je 12 jaskýň, niektoré – napríklad i Demänovské – sú svetoznáme.

37

Podvečerná nálada z Turca, výrazného geograficko-historického regiónu stredného Slovenska. Turiec sa významne zapísal do našich národných dejín; ako administratívny celok (župa) zani-kol roku 1922, no jeho názov žije ďalej (Turčianska kotlina a i.).

38

Liptovská Mara a časť krajiny okolo vodného diela. Vodná nádrž slúži na energetické účely a so svojimi 320,5 mil. m³ vody je najväčšou vodnou nádržou na Slovensku. Je významným vod-ným dielom v systéme pätnástich vážskych kaskád. Zaplavenou plochou (až 27 km²) patrí po Oravskej priehrade a Zemplínskej šírave k najväčším vodným dielam na Slovensku. Spolu s Orav-skou priehradou umožňuje reguláciu prietokov na Váhu od Bešeňovej až po Komárno.

39

Bezovec, panoráma časti Považského Inovca, horského krajin-ného celku s rozlohou asi 600 km². Horstvo vrcholom máličko prekračuje výšku 1 000 m. Zimná pokrývka trvá 60–80 dní, letných dní býva 50–100 ročne. Pôvabná krajina je preto miestom letnej i zimnej turistiky západného Slovenska.

40

Vysoké a Belianske Tatry z hrebeňa Nízkych Tatier vo veľkole-pej panoráme štítov (zľava): Vysoká (2 560 m), Končistá (2 535 m), Gerlachovský štít (2 655 m), Bradavica (2 476 m), Javorový štít (2 418 m), Slavkovský štít (2 452 m), Ľadový štít (2 628 m), Lomnický štít (2 632 m), Kežmarský štít (2 558 m) a časť Belianskych Tatier.

41

Oravská priehrada a Slanický ostrov v lete. Naše „severné more" vzniklo vybudovaním prvého povojnového diela na Slovensku, odovzdaného do prevádzky roku 1953. Voda pokryla plochu 35,2 km², pričom boli zatopené 4 veľké obce; z obce Slanica zostal len ostrov – vrchol kopca s kostolíkom. Pri prehliadke ostrova možno navštíviť Múzeum ľudovej maľby a plastiky. Priehrada je obľúbeným miestom vodných športov.

42

Podvečer na priehrade Veľká Domaša, vybudovanej na rieke Ondave v rokoch 1962–1967. Vodná nádrž s plochou 15,1 km² je zásobárňou úžitkovej vody a výrazne prispieva aj k protipovod-ňovej ochrane Východoslovenskej nížiny. Spolu s krásnym okolím priťahuje množstvo rekreantov a športovcov.

43

Na Seneckých jazerách pri Bratislave s vodnou plochou takmer 80 ha, ktoré vznikli z ťažobných jám štrku odkrytím horizontu podzemných vôd Podunajskej nížiny. Jazerá s možnosťou kúpa-nia, vodných športov a rybolovu sú obstavané chatami, slúžia ako významné rekreačné zázemie hlavného mesta SR.

44

Pamiatku na obec Liptovská Mara, zatopenú vodami priehrady, predstavuje už len veža kostola osady, ktorá dala priehrade meno. Pri jej budovaní v rokoch 1969–1975 bolo vysídlených a zatopených 11 obcí s vyše 4000 obyvateľmi. Obrovská vodná plocha výrazne zmenila tvár Liptova poniže Liptovského Mikulá-ša a stala sa vyhľadávaným miestom rekreácie, vodných špor-tov a rybolovu.

45

V areáli vodných športov pri Liptovskom Mikuláši vytvorili odrazením časti vody rieky Váh do umelého kanála (s meniteľným vodným prúdením a prietokom) ideálne tréningové i pretekárske podmienky pre kajakárov i kanoistov. Aj zahraniční pretekári označujú areál za jeden z najlepších na svete.

46

Hlavný tok Dunaja v Hrušove pred zatopením územia vodným dielom Gabčíkovo. Priehrada a jej prietokové systémy výrazne zlepšia plavbu veľkých lodí po Dunaji na mieste len ťažko udržiavateľných riečnych brodov na slovensko-maďarských hraniciach. Dielo zlepší aj bilanciu ekologicky čistej výroby elektrickej energie na Slovensku.

47

Lúčky, kúpanie pod travertínovými kaskádami potoku Teplanka. V chotári sú pramene jadrovo-zemitých kyseliek a v Lúčkach liečebný dom pre ženské choroby.

48

Termálne kúpaliská v Kováčovej pri Zvolene aj vďaka krásnemu okoliu sú jedny z najobľúbenejších u nás. Na Slovensku je asi 20 oblastí s termálnymi vodami, ktoré majú teplotu od 40 do 180 °C. Najperspektívnejšou je centrálna depresia Podunajskej panvy, kde sa termálne vody využívajú najmä na kúpaliskách (Dunajská Streda, Čalovo, Patince a Štúrovo).

49

Volovec Mengusovský od Mengusovského potoka. Oddeľuje Hincovu kotlinu (s najväčším a najhlbším tatranským plesom na slovenskej strane) od Kotliny Žabích plies.

50

Vysoké Tatry — Symbolický cintorín pod Ostrvou nad Popradským plesom vznikol z podnetu maliara Otakara Štáfla roku 1936 na pamiatku tých, ktorí „stratili život pre svoju lásku k horám". V areáli cintorína je štýlová kaplnka, pamätné tabule a niekoľko vyrezávaných drevených krížov detvianskeho typu.

51

Kriváň z Veľkej kopy Gajarovej. Kriváň (2 494 m) ako najkrajší i najhrdší tatranský štít ospevovali už štúrovci, ktorí v ňom videli symbol slovenskosti; prvý spoločný výstup na Kriváň uskutočnili na čele s Ľ. Štúrom a J. M. Hurbanom dňa 16. augusta 1841. Tradícia národného výstupu na Kriváň sa zachovala dodnes. Na východnom svahu Kriváňa pramení Biely Váh, ktorý spolu s Čiernym Váhom (vyvierajúcim pod Kráľovou hoľou) vytvára Váh, najdlhšiu slovenskú rieku (403 km).

52

Panoráma Bielovodskej doliny vo Vysokých Tatrách s Mlynárom, Vysokou (2 560 m), Nižnými Rysmi, Nižným Žabím štítom a Východným Mengusovským štítom (zľava doprava). Dolina, dlhá 6 km, je známa aj 10-hodinovým turistickým priechodom z Javoriny cez Sedlo Váha k Popradskému plesu.

53

Rysy, Vysoká a Ostrva od Štrbského plesa, typického morénového jazera (vo výške 1 346 m) na južnej strane Vysokých Tatier. Obec Štrbské Pleso bola dejiskom Majstrovstiev sveta v klasických lyžiarskych disciplínach roku 1970, pre ktoré sa tu vybudoval celý rad nových športových objektov a zariadení cestovného ruchu.

54

Svah Kvetnicovej veže a Sliezsky dom v rannom svetle. Sliezsky dom je najvyššie položený horský hotel u nás (1 670 m). Sliezska sekcia turistického spolku tu vybudovala v rokoch 1892—1895 chatu, ktorá po niekoľkých prestavbách vyhorela (1962). Na jej mieste sprístupnili roku 1968 Sliezsky dom, vyhľadávaný cieľ turistov.

55

Vodopády Veľkého Studeného potoka za Hrebienkom poniže chaty Kamzík tvoria krásny vstup do Veľkej Studenej doliny vo Vysokých Tatrách. Sú tri — Malý, Veľký a Dlhý vodopád (ktorý je známy výskytom nebezpečných krútňavových „hrncov").

56

Vodopád Večný dážď vo Velickej doline pri Kvetnici (známej bohatou kvetenou subalpínskeho pásma). Pred výstupom na Gerlachovský štít (2 655 m) Velickou próbou si môžeme pripomenúť aj ďalšie najznámejšie tatranské vodopády — Kmeťov vodopád pod Nefcerkou, Vajanského vodopády v Temných Smrečinách, Skok v Mlynickej doline. Obrovský vodopád v Malej Studenej doline a Hviezdoslavov vodopád na prahu Kačacej doliny.

57

Lomnický a Kežmarský štít z Lomnického hrebeňa. Lomnický štít (2 632 m) je vďaka visutej lanovkovej dráhe od roku 1940 najnavštevovanejším tatranským štítom s jedinečným výhľadom. Lanovka z Tatranskej Lomnice prekonáva prevýšenie o 1620 m na trati dlhej takmer 6 km.

58

Štrbské pleso a Nízke Tatry s Kráľovou hoľou v pozadí od skokanských mostíkov Areálu snov. Pleso s okolím je najnavštevovanejším miestom Vysokých Tatier. Má veľký počet slnečných dní a výborné klimatické podmienky, ktoré tu podnietili už koncom 19. storočia vybudovanie liečební pre choroby horných dýchacích ciest. Vznik nových liečební len potvrdzuje vynikajúce terapeutické výsledky.

59

Velická kopa z Tatranskej magistrály. Magistrála ako turistický 65 km dlhý chodník bola dokončená roku 1937; vinie sa cez kosodrevinou porastené neprístupné úbočia Vysokých Tatier. Chodník ráta s dvoma až tromi dňami turistickej chôdze a má spolu 4 úseky: Podbanské — Štrbské Pleso — Hrebienok — Veľké Biele pleso — Tatranská kotlina. Posledný úsek — prechod Belianskymi Tatrami — je v záujme prísnej ochrany flóry a fauny uzatvorený.

60

Vysoké Tatry z Rysov (pohľad západným smerom). Náročný výstup na Rysy (2 499 m) nevynechá ani jeden zdatný turista. Z vrcholu sa otvára nádherný pohľad na tatranské štíty v 360° panoráme.

61

Belianske Tatry pred búrkou. Belianske Tatry sú východnou časťou Tatranského národného parku, vyhláseného roku 1949. Keďže sa tu vyskytujú mimoriadne vzácne vápnomilné rastlinné spoločenstvá a zároveň sa sleduje aj rozvoj kamzičej zveri, je ich hlavný hrebeň v celej dĺžke 14 km po celý rok pre turistiku uzatvorený.

62

Volovec a Ostrý Roháč od Tretieho Roháčskeho plesa. Roháče — v závere Roháčskej doliny — ako prírodovedne i krajinársky najhodnotnejšie územie severovýchodnej Oravy sú od roku 1974 štátnou prírodnou rezerváciou.

63

Jarné ráno na Oraviciach, s Giewontom na horizonte. Záber zo svahu Skorušiny — slnko stúpa do Tichej doliny spoza Červených vrchov na slovensko-poľských hraniciach hrebeňov Vysokých Tatier.

64

Skalný útvar Mních v tiesňavách Vrátnej doliny patrí k mnohým bizarným, horolezecky náročným, lámavým vápencovým útvarom Vrátnej doliny a Obšívanky. Ľudová fantázia im pričarila metaforické názvy ako Oltár, Ťava, Krokodíl, Tanečnica, Organ, Pilier, Jánošíkova lavica, Valasi, Veľká Sokolia veža a v partii Rozsutca — Traja psi, Fajky, Kohútik, Dbenka, Komín a iné.

65

Malá Fatra, jar pod Rozsutcom. Jánošíkov kraj s jeho rodnou dedinkou — Terchovou a bizarným Rozsutcom patrí k najčarovnejším kútom typickej slovenskej prírody a nejednému z nás obzvlášť prirástol k srdcu.

66

Hričovská ihla na okraji Súľovských skál ohlasuje vstup do vzácneho prírodného výtvoru stredného Považia. Súľovské skalné útvary sú najmohutnejšie v nástupe do Súľovskej tiesňavy od potoka Hradné.

67

Sieň nazývaná Cintorín v Dobšinskej ľadovej jaskyni je ukážkou čarovného podzemného sveta ľadu, obklopeného letnou prírodou. Táto naša najväčšia ľadová jaskyňa, sprístupnená pred vyše sto rokmi (1871), bola prvou elektricky osvetlenou jaskyňou v Európe (1882). Za sto rokov ju navštívilo viac ako 2 milióny osôb. Dno jaskyne pokrýva až 25 m hrubý ľad. Najkrajšia je na jar, keď ,,kvitne" inovať.

68
Gerlachovský štít v strede tatranskej panorámy, najväčší štít (2 655 m) najvyššieho horstva Karpatského oblúka. Výstup od Sliezskeho domu (4 h) i zostup k Batizovskému plesu (4 h) je turisticky mimoriadne náročný, sčasti zabezpečený reťazami v skale. Odporúča sa len v sprievode horského vodcu.

69
Nízke Tatry (Chopok a Ďumbier) z Derešov. Nízke Tatry sú jediné slovenské horstvo prepojené sedačkovou lanovkou z oboch strán (Jasná — Chopok — Srdiečko). Centrálna časť Nízkych Tatier tvorí dominantu pretekárskeho i turistického alpského lyžovania. Je lyžiarsky najfrekventovanejšou oblasťou Slovenska.

70
Ďumbier, Chopok, Dereše a Poľana spod vrcholu Sinej tvoria približne len 10 km úsek z 95 km dlhého hrebeňa Nízkych Tatier. Svojou rozlohou 1 242 km^2 tvoria Nízke Tatry najrozsiahlejší orografický celok centrálnej časti Slovenska. Snehová pokrývka nad hornou hranicou lesa trvá 110—210 dní v roku, čo je veľmi priaznivé pre lyžovanie.

71
Zimná rozprávka z Martinských hôľ, nedotknutá príroda v nadmorskej výške asi 1 400 m. Iba dva kilometre vzdialené je rušné stredisko zimných športov s piatimi lyžiarskymi vlekmi (kapacita vyše 2 000 osôb za hodinu).

72
Babia hora, Rozsutec, Steny, Stoh a Hromové z Chlebu. Tu nebýva v roku veľa takých dní, keď mimoriadne dobrá viditeľnosť umožňuje zazrieť z Chlebu Babiu horu (1 725 m) na našej hranici s Poľskom, vzdialenú vzdušnou čiarou vyše 50 km.

73
Čierny Kameň vo Veľkej Fatre z Veľkej Tureckej doliny. Lúčny ráz 45 km dlhého pohoria strieda skalistá časť Čierneho Kameňa, spod ktorého sa začína 24-kilometrová Ľubochnianska dolina, najdlhšia v celej Veľkej Fatre. V chránenej krajinnej oblasti ďalšie známe doliny sú Gaderská, Necpalská a Belianska.

74
Zádielska dolina — štátna prírodná rezervácia (od roku 1954) v Slovenskom krase. Eróziou v strednotriasových vápencoch vznikla 300 metrov hlboká tiesňava a roklina, bohatá na horské, subalpínske, ale aj teplomilné panónske druhy rastlín. Skaly rokliny sú aj hniezdiskom vzácnych dravých vtákov.

75
Kamenisté zemiačniská v Javorí. Z vyše 60 horopisných celkov Slovenska sú niektoré takmer neznáme. Javorie bolo skupinovým vulkánom s viacerými sopečnými kuželmi, z ktorých sa vylievali andezitové prúdy. V tomto kraji medzi Zvolenom a Pliešovcami sa na malých plochách miernejších strání pestuje obilie i zemiaky, v južnej časti sa rozširuje pestovanie ovocia a vínnej révy.

76
Svahy Malých Karpát s vinohradmi sú dokladom kontinuity i rozkvetu vinohradníctva, najmä od 11. storočia po súčasnosť. Pestovanie vínnej révy sa postupne rozšírilo skoro po celom Slovensku, najmä na Trenčiansko, Nitriansko, Hont, Abov, Tekov, Zemplín a inde.

77
Kulháň, chránená rezervácia starých dubov v Považskom Inovci pri obci Prašice, bola vyhlásená za chránené nálezisko roku 1972. Chráni sa tu asi 70 dubov letných a zimných, ktorých vek sa odhaduje na 200 až 600 rokov, pričom najväčší má obvod kmeňa až 670 cm. V blízkosti Kulháňa je Duchonka, známe rekreačné stredisko vodných športov.

78
Dobročský prales v Slovenskom rudohorí. Tento najstarší prales na Slovensku bol vyhlásený za štátnu prírodnú rezerváciu už roku 1913. Leží na svahoch Veľkého Grúňa, asi 2 hodiny chôdze od obce Dobroč. Nedotknutú vlastnú rezerváciu lesného porastu tvoria smreky, jedle, jasene, horské javory a buky, niektoré stromy sú vyše 400-ročné. Rezerváciu oddeľuje od okolitých lesov vyrúbané ochranné pásmo.

79
Vodná plocha Ružínskej priehrady (spod Šivca) patrí k sústave vodných diel na Hornáde medzi Margecanmi a Ružínom. Dĺžka priehrady je 14,6 km a plocha vodnej hladiny 3,9 km^2. Priehradu vybudovali v rokoch 1963—1973 (čím sa zabezpečila bezporuchová prevádzka Východoslovenských železiarní). Obklopená lesmi vytvára príjemné rekreačné zázemie najmä pre Košičanov.

80
Pieniny — plavba na plti prielomom Dunajca je nezabudnuteľným zážitkom návštevníkov bilaterálneho Pieninského národného parku. Dravé vody Dunajca vytvorili v prielome 5 vyhĺbených meandrov. Náš úsek medzi Červeným Kláštorom a Sczawnicou Nižnou je dlhý 6 km. Pieninský národný park (PIENAP) bol vyhlásený roku 1967.

81
Pred východom slnka na Zemplínskej šírave. Vodná nádrž je po Oravskej priehrade jednou z troch najväčších na Slovensku (plocha až 33,5 km^2); slúži najmä na zabezpečenie vody pre priemysel a poľnohospodárstvo. Vybudovali ju v rokoch 1961—1965. Oblasť patrí k najslnečnejším územiam v celej ČSFR a ročne ju navštevuje vyše milióna rekreantov.

82
Stredoveké delo pred kaštieľom v Betliari i soška Budhu medzi kvetinovými záhonmi poukazujú na životný štýl bohatých feudálnych pánov, akými boli aj Andrášiovci, majitelia kaštieľa, baní i železiarskych podnikov v okolí. V kaštieli je množstvo rozličných exponátov, no najcennejšia je tu veľká knižnica (asi 20 000 zväzkov kníh zo 17.—19. storočia).

83
Hrad Beckov uzatvára Považský úval. Spolu s Trenčianskym hradom zabezpečoval v 13. storočí západnú hranicu Horného Uhorska. Začiatkom 14. storočia sa ho zmocnil Matúš Čák Trenčiansky, jeden z najvplyvnejších feudálov tých čias. Hrad, ktorý márne obliehali Turci (1599), podľahol plameňom (1729) a zostal v ruinách. Ako národná kultúrna pamiatka sa čiastočne reštauruje.

84
Topoľčiansky hrad na okraji Považského Inovca, vzdialený asi 15 km od Topoľčian. Bol postavený v polovici 13. storočia. Viackrát ho prestavovali a rozširovali (najmä počas protitureckých bojov), no napokon ako neobývaný spustol v ruinách. Zostala z neho len výrazná silueta s vežou v romantizujúcom štýle, dostavanou v 19. storočí.

85
Trenčín, vstup do Trenčianskeho hradu, jedného z najznámejších slovenských hradov. Prvá písomná správa na našom území, vyrytá do úpätia hradnej skaly roku 179, zaznamenáva porážku Germánov II. rímskou légiou. Meno známeho majiteľa hradu, zo začiatku 14. storočia, Matúša Čáka Trenčianskeho, ,,pána Váhu a Tatier", je len časťou bohatej histórie fortifikačnej dominanty nad mestom.

86
Trenčiansky hrad v súčasnosti prinavracajú do jeho voľakedajšej podoby z konca 15. a začiatku 16. storočia, keď patril Zápoľskovcom. V Hornom hrade sú expozície Trenčianskeho múzea. Trenčiansky hrad je od roku 1961 národnou kultúrnou pamiatkou a najvýraznejšou dominantou stredného Považia, bohato opradená povesťami.

87
Nádvorie kaštieľa v Topoľčiankach. Pôvodne renesančný kaštieľ. V rokoch 1825—1830 na mieste južného krídla pristavali

klasicistický objekt, ktorý slúžil za prvej Československej republiky ako letné sídlo prezidenta. Kaštieľ roku 1950 prezident Klement Gottwald daroval odborom. Kaštieľ, obklopený jedným z najväčších anglických parkov u nás, sa spolu so zvernicou (chov zubrov), známou štátnou plemenárskou stanicou (žrebčincom) a krásnym lesnatým okolím začleňuje už tradične k veľmi navštevovaným miestam Slovenska. Kaštieľ je národnou kultúrnou pamiatkou.

88

Kazetový strop tzv. Zlatej sály v Bojnickom zámku s kópiou portrétu majiteľa Jána Pálfiho. Pálfi v čase, keď inde na Slovensku zanikalo veľa objektov, úspešne prestavoval Bojnický zámok (1899—1909).

89

Bojnický zámok. Pôvodný objekt pochádza z roku 1113. Prešiel mnohými úpravami a svoju dnešnú podobu získal koncom 19. storočia, keď ho majiteľ Ján Pálfi dal prestavať podľa vzoru francúzskych romantických hradov v údolí Loiry. Bojnický zámok (v ktorom sídli Múzeum neoslohov) spolu so svojím okolím, sírnatými kúpeľmi i zoologickou záhradou vábi veľké množstvo návštevníkov i rekreantov.

90

Budmerice, účelové zariadenie Asociácie organizácií spisovateľov Slovenska. Kaštieľ dal postaviť Ján Pálfi roku 1889, v období napodobňovania francúzskych vzorov. Objekt neveľkej architektonickej hodnoty slúži dnes na tvorivé i rekreačné pobyty umelcov.

91

Novogotický kaštieľ v Rusovciach pri Bratislave je príkladom kultúrneho využitia bývalých rezidencií. Rozsiahlu koniareň pri kaštieli prebudovali na účely Slovenského umeleckého kolektívu. Kaštieľ postavili v druhej polovici 19. storočia v štýle anglickej gotiky. V anglickom parku sa konajú mierové slávnosti ako súčasť Bratislavského kultúrneho leta.

92

Smolenický zámok v Malých Karpatoch. Pôvodný hrad so strážnou funkciou postavili v 14. storočí. Patril viacerým majiteľom, až ho roku 1777 získal Ján Pálfi. Rod Pálfiovcov, pôvodne málo významný, získal pozície a rozsiahle majetky na západnom Slovensku (i v Rakúsku) nielen vďaka vyznamenaniu sa v protitureckých bojoch, ale aj politickými špekuláciami. Poštátnený zámok stavebne dokončili a upravili v rokoch 1949—1957 pre potreby Slovenskej akadémie vied (vedecké i rekreačné pobyty, sympóziá, konferencie a pod.).

93

Kaštieľ v Moravanoch nad Váhom pri Piešťanoch. Pôvodný renesančný kaštieľ dal postaviť koncom 16. storočia biskup Čáky. Za pôvodnou vysokou atikou roku 1881 postavili 2. poschodie. Kaštieľ s pôvodným areálom hospodárskych budov adaptovali pre tvorivé i rekreačné pobyty umelcov. Priľahlý anglický park zdobia drevené plastiky, ktorých autormi sú účastníci medzinárodných sochárskych sympózií, usporadúvaných v Moravanoch.

94

Hrad Lietava pri Žiline sa po prvý raz spomína roku 1318, keď už bol v držbe Matúša Čáka. Hrad striedal majiteľov, kým ho v 2. polovici 16. storočia nevyženili Turzovci, ktorým patril až do vymretia ich rodu. Od roku 1729 bol hrad neobývaný (zostal v ňom len archív), a keď sa od roku 1770 dediča prestali oň vôbec starať, postupne sa zmenil na rumovisko.

95

Starý hrad, dominanta pri Strečne. „Starhrad" bol už v 13. storočí oporným bodom a mýtnou stanicou nad riekou Váh. Spolu so Strečnianskym hradom mal v 14. storočí vedúcu úlohu na hornom Považí. Patril mnohým majiteľom, aj Matúšovi Čákovi a Pongrácovcom. Rodinné spory Pongrácovcov zapríčinili napokon jeho spustnutie, a keď sa pominulo turecké nebezpečenstvo, hrad stratil aj svoj strategický význam. Dnes leží v ruinách, ku ktorým sa viaže nejedna ľudová povesť.

96

Spišský hrad, najväčší na Slovensku, ba v celej strednej Európe, dominoval Spišu už roku 1209. Ako nedobytná kamenná pevnosť odolal aj tatárskemu vpádu (1241). Pôvodný románsky hrad prešiel mnohými prestavbami a úpravami od neskorogotických až po renesančné (ktoré si na obytné účely dali urobiť Turzovci). Po požiari roku 1780 hrad začal pustnúť a nezachránili ho ani jeho poslední majitelia, Čákyovci (1638—1945), voľakedajší dedičí župani Spiša. Až súčasné rozsiahle konzervačné a rekonštrukčné práce postupne umožňujú využiť hrad s tromi nádvoriami na expozičné účely Východoslovenského múzea. Časť horného hradu už bola sprístupnená verejnosti.

97

Krajina povyše Oravského zámku. Prvá zmienka o zámku — dnes národnej kultúrnej pamiatke a čarovnej dominante dolnej Oravy — je z roku 1267. Zámok sa hrdo týči nad miestami pamätajúcimi krvavé potlačenie protifeudálneho Pikovho povstania (1672), ku ktorému sa pripojili oravskí a liptovskí richtári.

98

Banské jazero Klinger v Štiavnických vrchoch patrí k dômyselnému systému banských nádrží, vybudovaných takmer pred 200 rokmi v okolí Banskej Štiavnice. Nádrže slúžili na priemyselné a vodárenské účely. Ešte dnes je v prevádzke 19 takýchto diel, pričom niektoré — najmä Počúvalské, Richnavské a Studenecké jazerá — sú zároveň obľúbenými miestami rekreácie.

99

Zvolen, stredoveký kráľovský zámok predstavuje svojou základnou stavbou vrchol gotického staviteľstva na Slovensku (2. polovica 14. storočia). Hrad prešiel renesančnými i fortifikačnými úpravami, ktoré sa robili ešte v 18. storočí (najmä pre potreby Zvolenskej stolice), no napokon stratil význam a pustol. Pamiatková úprava hradu sa začala v rokoch 1894—1896, no celková generálna rekonštrukcia sa uskutočnila až v rokoch 1956—1969. Zámok sa využíva ako sídlo vysunutého pracoviska Slovenskej národnej galérie a pre kultúrne potreby mesta. Národná kultúrna pamiatka patrí neodmysliteľne k siluete Zvolena i jeho krásneho okolia.

100

Zámok v Slovenskej Ľupči pri Banskej Bystrici bol už v 2. polovici 13. storočia známym poľovníckym sídlom kráľa a jeho družiny. Turecké nebezpečenstvo si vyžiadalo prestavbu zámku, no obyvateľstvo Ľupčianskeho panstva aj tak kruto doplatilo na turecké nájazdy (1526—1718); 300 osôb z Poník Turci odvliekli do zajatia a obec vypálili (1678). Po požiari roku 1860 zámok postupne adaptovali a využívali na rozličné účely (sirotinec pre banícke deti, neskôr — až do roku 1957 — skladište). Dnes slúži ako domov Ústredia charity pre rehoľné sestry.

101

Plaveč, najsevernejší slovenský hrad. Silueta ruín vysokých múrov obytného krídla a zvyškov bašty predstavuje iba nepatrnú časť kedysi významného hradu, ktorý chránil obchodnú cestu zo Šariša do Krakova v Poľsku. Hrad, ktorý sa spomínal už roku 1294 ako pohraničná pevnosť, bol dostavaný až v 2. tretine 14. storočia. Problémy s jeho poslednou, nepremyslenou adaptáciou na obytné účely (1830) definitívne vyriešil požiar (1856), ktorý nám zanechal iba ruiny zašlej slávy.

102

Bzovík, vo veži opevneného kláštora. Založenie kláštora premonštrátov na Bzovíku (1127—1131) sa spomína s menom kráľa Bela II., ktorý kláštoru daroval majetok a založil prepošstvo. Žigmund Balaša v polovici 16. storočia vyhnal rehoľníkov a obsadil kláštor, aby ho opevnil pred tureckým nebezpečenstvom. Kláštor však napokon nedobyli Turci, ale tőkőliovské vojská (1678). Od 19. storočia spustnutý kláštor prepadol skaze, ktorú dovŕšila 2. svetová vojna. Pamiatkovo chránený objekt bol začiatkom 70. rokov čiastočne upravený.

103

Hrad Krásna Hôrka, protiturecká pevnosť Gemera, opevnená v rokoch 1539—1545. Poslednými majiteľmi hradu boli Andrášiovci (od roku 1642), ktorí ho dali prestavať a rozšíriť. Hrad značne poškodil požiar, spôsobený bleskom (1817). Posledný obyvateľ hradu, Dionýz Andráši, ho po smrti svojej manželky Františky Hablavcovej pretvoril fakticky len na rodové múzeum (1903). V Krásnohorskom Podhradí dal pre manželku postaviť mauzóleum, jednu z najkrajších secesných stavieb na Slovensku. K samému hradu sa viažu mnohé, aj literárne spracované povesti. Je národnou kultúrnou pamiatkou, slúži verejnosti ako múzeum feudálneho bývania.

104
Turniansky hrad na okraji krasovej planiny bol postavený po tatárskom vpáde v 13. storočí. Pri bojoch o uhorský trón sa dostal do rúk Jana Jiskru, roku 1652 hrad dobyli Turci a definitívne bol zničený za protihabsburských povstaní roku 1685.

105
Nitriansky hrad, komplex budov na Hradnom vrchu. Hrad, biskupský palác, biskupská katedrála a hradby, spolu s archeologickými lokalitami slovenských osád v Chrenovej, na Zobore a slovanským pohrebiskom na Lupke, sú národnou kultúrnou pamiatkou. Hoci Nitra (pôvodne Nitrava) má dávnu históriu s písomne doloženým najstarším kresťanským kostolom na Slovensku (833), dnešná baroková podoba Nitrianskeho hradu pochádza z rokov 1706–1736. Nitra zažila časy slávy (za Veľkomoravskej ríše sídlo Nitrianskeho kniežatstva, Pribinu a Svätopluka) i časy úpadku (zo slobodného kráľovského mesta sa stala roku 1288 poddanskou obcou biskupstva) a pustošili ju takmer všetky vojny, boje a nájazdy, ktoré sa prehnali počas stáročí Slovenskom, takže z pôvodných objektov sa veľa nezachovalo.

106
Včasnorománska rotunda v Skalici je národnou kultúrnou pamiatkou. Postavili ju v 11. storočí. Významnými románskymi pamiatkami je aj Kostol sv. Juraja v Kostoľanoch pod Tríbečom (11. storočie), kostolík v Dražovciach pri Nitre (začiatok 12. storočia) a pôvodne neskororománska katedrála v Spišskej Kapitule (z rokov 1245–1273), ako aj iné, menšie i väčšie sakrálne stavby, roztrúsené po Slovensku.

107
Dóm sv. Alžbety v Košiciach s kaplnkou sv. Michala je národnou kultúrnou pamiatkou. Najrozsiahlejší gotický chrám na Slovensku, vybudovaný v rokoch 1345–1508, bol vzorom pre podobné stavby v Levoči, Bardejove, ba aj v Poľsku, Dolnom Uhorsku (Maďarsku) a Sedmohradsku. Má umelecky cenný interiér so 4 gotickými oltármi a kráľovskou emporou (podľa vzoru Chrámu sv. Víta v Prahe).

108
Hronský Beňadik, gotický kostol a kláštor v údolí Hrona povyše tzv. Slovenskej brány, je najvýznamnejším opevneným sakrálnym objektom na Slovensku. Začali ho stavať okolo roku 1350. Z konca 14. storočia pochádza priečelie s vrcholnogotickým vstupným portálom a opátske krídlo. Objekt opevnili v 16. storočí z obáv pred hroziacim tureckým nebezpečenstvom i pred útokmi obyvateľov Banskej Štiavnice. Patril benediktínom. Dnes je v opátskom krídle Domov Charity. Komplex, ktorý sa pripravuje na generálnu opravu, je národnou kultúrnou pamiatkou.

109
Piargska brána v Banskej Štiavnici mala obrannú funkciu, pochádza z roku 1554 a barokovo bola upravená v 18. storočí. V Banskej Štiavnici bola roku 1763 založená Banská akadémia ako prvá vysoká škola technického smeru na svete. Roku 1782 malo mesto vyše 23 000 obyvateľov (bolo tretím najväčším mestom vtedajšieho Uhorska), no od 19. storočia začalo upadať a obyvateľstva ubúdalo (roku 1985 malo vyše 10 000 obyvateľov). Historické jadro mesta je pamiatkovou rezerváciou, Starý zámok (Mestský hrad) a aj 11 budov bývalej Banskej akadémie sú národnými kultúrnymi pamiatkami. Starý i Nový zámok, Komorný dvor (Kammerhof), ako aj niektoré ďalšie objekty slúžia dnes potrebám Slovenského banského múzea.

110
Kalvária v Banskej Štiavnici je najkrajším sakrálnym komple-

xom tohto druhu na Slovensku. Postavili ju v rokoch 1744–1751 z iniciatívy jezuitského pátra F. Pergera. Kalváriu v ostrom vrchu tvorí sedemnásť zastávok a päť väčších stavieb situovaných v osi architektonického súboru.

111
Panoráma Banskej Štiavnice s Kalváriou a Novým zámkom. V čarokrásnom prostredí Štiavnických vrchov sa terasovito rozkladalo už v stredoveku banské mesto, ktorého stavebný rozvoj podnietila od od 6. storočia výnosná ťažba striebra. V rokoch 1564–1571 postavili protitureckú strážnu vežu – Nový zámok, ktorá spolu s barokovou Kalváriou (1754) tvorí dodnes dominantu panorámy mesta.

112
Kremnica, reštaurovaný, pôvodne gotický dom na námestí, v dobre zachovanom historickom jadre mestskej pamiatkovej rezervácie. Sú tu stavby tzv. mázhausového typu meštianskych domov so vstupným priestorom (sieňou alebo chodbou).

113
Mestský hrad Kremnica, národná kultúrna pamiatka. Komplex budov zachovaných takmer v pôvodnej koncepcii pochádza približne z rokov 1388–1405. Kremnica (ako osada, kde sa už okolo roku 1000 dolovalo zlato) sa po prvý raz písomne spomína ako Cremnichbana roku 1328. V stredoveku bola Kremnica jedným z hlavných producentov zlata v Uhorsku. Okolo roku 1440 ju opevnili hradbami, čím bola fortifikačne pripojená k mestskému hradu. Roku 1328 založili v Kremnici mincovňu, slávnu najmä zlatými dukátmi. Mincovňa slúži dodnes, a je tak svojou vyše 650-ročnou históriou najstaršou zachovanou v Európe.

114
Priečelie Turzovho domu v Levoči s pseudorenesančnými sgrafitami vyhotovili roku 1903–1904 poslucháči budapeštianskej Umeleckopriemyselnej školy pod vedením prof. Š. Groha. Roku 1958–1959 ich reštauroval M. Štalmach. Typický dom stredovekého zámožného mešťana vznikol renesančnou prestavbou dvoch gotických budov v 16. storočí.

115
Poprad–Spišská Sobota, oltár od Majstra Pavla z Levoče z roku 1516 je pýchou farského Kostola sv. Juraja. Meštianske domy, ktoré kostol na námestí obklopujú, boli pôvodne gotické, neskôr renesančne prestavané (sedem najcennejších sa reštauruje do pôvodného stavu).

116
Levoča, Judáš z Poslednej večere od Majstra Pavla je z predely hlavného oltára v Kostole sv. Jakuba. Jeden z najvyšších neskorogotických krídlových oltárov v strednej Európe (18,5 m vysoký a 6 m široký) vznikal za účasti spoluautorov v rokoch 1507–1515. Od Majstra Pavla sú aj 3 ústredné sochy v oltárnej skrini.

117
Apoštol Jakub od Majstra Pavla z Levoče je tiež z predely hlavného oltára v Kostole sv. Jakuba. Majster Pavol mal medzi súdobými umelcami významné miesto; v rokoch 1527–1528 bol zapísaný v zozname levočských radných pánov. Do Levoče ho povolal roku 1500 pravdepodobne J. Turzo, krakovský mešťan pôvodom z Betlanoviec, obchodne činný aj v Poľsku.

118
Levoča, včasnorenesančný portál v dome na námestí (č. 40) datovanom 1530. Dom pochádza z 15. storočia (reštaurovali ho roku 1982). Architektúra a umelecké pamiatky Spiša pamätajú mocenské boje, ale i rozvoj remesiel a obchodu, poznačili ich viacnárodné vplyvy. Mestá Levoča a Kežmarok pritom viedli proti sebe nepravidelnú vojnu (v 1. polovici 16. storočia).

119
Spišský Štvrtok, Kostol sv. Ladislava s kaplnkou Zápoľskovcov pri južnej strane chrámovej lode. K pôvodne gotickému kostolu z 13. storočia s románskymi prvkami dal roku 1473 Štefan Zápoľský, dedičný spišský župan a vtedajší uhorský palatín,

pristavať gotickú poschodovú kaplnku, určenú pôvodne pre neho a jeho rodinu.

120

Levoča, krížová chodba v kláštore minoritov zo 14. storočia. Gotická arkádová chodba ohraničujúca zo štyroch strán stred kláštora (gotický rajský dvor) je pripojená pri starých mestských hradbách k trojloďovému halovému kostolu.

121

Levoča, radnica a Kostol sv. Jakuba v mestskej pamiatkovej rezervácii. Pôvodná trojtraktová budova má podkrovnú nadstavbu na spôsob poľskej renesancie. Gotický halový kostol pseudobazilikálneho typu dokončili pred rokom 1400. V chráme sú známe rezbárske diela od Majstra Pavla a z jeho dielne.

122

Bardejov, v historickom jadre mesta si časť pôvodne gotických domov zo 14. storočia dodnes uchováva goticko-renesančný charakter, hoci prešli viacerými čiastkovými úpravami a obnovami.

123

Bardejov, radnica a Kostol sv. Egídia v mestskej pamiatkovej rezervácii najzachovanejšieho stredovekého mestského celku na Slovensku. Goticko-renesančná radnica je z rokov 1505–1508. V Kostole sv. Egídia (z roku 1415) je 11 pôvodných gotických oltárov z bardejovskej rezbárskej školy.

124

Kežmarok, v nádvorí mestského hradu dominuje včasnobaroková kaplnka z roku 1658. Pôvodne gotický hrad zo 14. až 15. storočia, s renesančnou i neskoršou prestavbou, bol zrekonštruovaný na účely múzea. Kežmarok je mestskou pamiatkovou rezerváciou.

125

Prešov, štuková výzdoba neskorobarokového domu č. 22 na námestí je exteriérovou ukážkou životného štýlu 17. storočia, ktorý poznačil aj architektúru a výtvarné umenie. Barok svojou dynamikou, sklonom k monumentalizmu, pompéznosti a iluzívnosti poznačil mnoho sakrálnych i profánnych stavieb na Slovensku (napríklad Salla terrena na hrade Červený Kameň a iné).

126

Renesančná veža kostola v obci Svinia pochádza z roku 1628. Jej atikové ukončenie je typické pre celý rad pôvabných renesančných veží východného Slovenska (Červenica, Jamník, Spišský Hrhov, Granč-Petrovce, Harakovce, Chmeľov, Chmiňany, Osikov a Badačov) z 1. polovice 17. storočia. Vežu renovovali roku 1982.

127

Podolínec, renesančná zvonica pri kostole, postavená roku 1659, je ukážkou hranolovitých spišských, samostatne stojacich zvoníc, pripomínajúcich bašty. Zdobí ju, podobne ako renesančné zvonice v Poprade, Spišskej Sobote, Strážkach a Vrbove, štítová atika. Najstaršia a najkrajšia veža tohto druhu je v Kežmarku (1568–1591).

128

Bočná loď gotického kostola v Štítniku. Pôvodné stredoveké i neskoršie nástenné maľby (najmä podľa talianskych vzorov) dali v polovici 17. storočia protestanti zabieliť. Odkryté boli až pri reštaurovaní v rokoch 1899–1908 a 1908–1914. Kostol je národnou kultúrnou pamiatkou.

129

Trnava, interiér Univerzitného kostola, ktorý je jedným z najhodnotnejších výtvorov včasnobarokovej architektúry na Slovensku, bohato zdobený štukami (Giovanni B. Rosso, G. Tornini, Pietro A. Conti). Hlavný oltár sv. Jána Krstiteľa pochádza z rokov 1637–1640 (vytvoril ho B. Knilling z Viedne v spolupráci s domácimi majstrami V. Stadlerom, V. Knotkom, V. Knerrom a Ferdinandom), tvorí ho 27 sôch. Trnava bola od roku 1541 vyše dvesto rokov centrom cirkevnej administratívy Uhorska. Kostol s komplexom priľahlých budov a jezuitským kolégiom bol pre architektonickú hodnotu vyhlásený za národnú pamiatku.

130

Bratislava, Michalská veža v historickom jadre mesta. Najzachovanejšie stredoveké hradby na Slovensku majú síce mestá Levoča, Bardejov a Kremnica, no Michalská veža a brána v Bratislave je ešte známejšia. Je zvyškom fortifikačného systému slobodného kráľovského mesta Bratislavy, ktoré malo tri a v 15. storočí až 9 brán. Zachovala sa len Michalská brána (asi z roku 1411) s hranolovou vežou (1511–1517) a cibuľovitou rokokovou strechou (1758).

131

Bratislava, portál paláca maršala Leopolda Pálfiho, rodáka z Viedne, strážcu uhorskej koruny (1758) a hlavného veliteľa uhorských vojsk (1763). Trojpodlažná päťkrídlová budova paláca s dvoma dvormi pochádza z konca 1. polovice 18. storočia, z čias horúčkovitej stavebnej činnosti v Bratislave v prvých rokoch po nástupe Márie Terézie (1740–1780) na trón, ktorá zvýhodnila jej poslušnú šľachtu.

132

V historickom strede starej Bratislavy. Kostol sv. Salvatora (1636–1638) a hranolová veža Starej (mestskej) radnice zo 14. storočia patria medzi známe historické architektonické objekty hlavného mesta Slovenska.

133

Bratislava, vstupná hala s balustrádou v Grasalkovičovom paláci. Bayerove alegorické postavy z pieskovca — Dávid, Šalamún, Jar a Jeseň — sú z konca 18. storočia. Pôvodný letný pavilónový palác dal postaviť do francúzskej záhrady po roku 1760 prezident Uhorskej komory Anton Grasalkovič.

134

Bratislava, anglické gobelíny v Primaciálnom paláci. Šesť diel z anglickej kráľovskej gobelínky v Mortlake zo 17. storočia je inštalovaných v slávnostných sieňach na prvom poschodí. Gobelíny čerpajú námety zo starogréckej báje o Hére a Leandrovi.

135

Bratislava, tzv. Pompejská sieň v Starej radnici (západnom krídle) s valenou klenbou (1583) má bohatú ornamentálnu výzdobu podľa pompejských a herkulánskych vzorov od C. Engela, je z roku 1878. Sieň a jej zariadenie je súčasťou rozsiahleho komplexu miestností so zbierkami Mestského múzea v Bratislave.

136

Bratislava, gotický trojloďový halový Dóm sv. Martina (14.–15. storočie) s presbytériom, vežou, troma gotickými kaplnkami a barokovou kaplnkou sv. Jána Almužníka.

137

Hrad a Dóm sv. Martina, starobylé symboly mesta nad Dunajom. Na vrchole ihlanovej veže Dómu je pozlátená kópia uhorskej svätoštefanskej kráľovskej koruny na poduške — symbol korunovačného kostola, v ktorom boli od 16. do 19. storočia korunovaní uhorskí králi a kráľovné z habsburskej dynastie.

138

Okno domu vo Východnej počas folklórnych slávností. Konajú sa v tejto podtatranskej obci každoročne od roku 1953. Festival je (od roku 1979) členom medzinárodnej organizácie usporiadateľov folklórnych podujatí pri UNESCO.

139

Paličkovanie čipiek v Španej Doline má ako organizovaná činnosť v tejto bývalej banskej osade vyše storočnú tradíciu. Pre zárobkovú činnosť ho obnovilo v niektorých pôvodných strediskách na Slovensku Ústredie ľudovej umeleckej výroby.

140

Bábika v tradičnom myjavskom ženskom odeve s bohatou čipkovou výzdobou. Uhorský štát koncom 19. storočia v snahe zabrániť sociálnym nepokojom v banských oblastiach zakladal od roku 1893 štátne čipkárske dielne v pôvodných strediskách (Špania Dolina, Staré Hory, Hodruša, Kremnické Bane). Tak sa zásluhou baníckej nezamestnanosti dostávali slovenské čipky už pred sto rokmi do celého sveta.

141
Pozdišovce, výrobca ľudovej keramiky pri dekorovaní veľkých, až 80 cm vysokých váz s typickým pozdišovským glazovaným zdobením a farebnosťou. Dnes majú keramické výrobky z Pozdišoviec prevažne už len dekoratívnu funkciu, podobne ako výrobky ešte známejšej modranskej majoliky. Keramickej tvorbe sa venujú aj mnohí profesionálni umelci na celom Slovensku.

142
Trnava, holíčska fajansa z Parrákovej zbierky je majetkom Západoslovenského múzea. Parrákova zbierka, podobne ako zbierka P. Blahu a H. Landsfelda, ako výsledok celoživotnej zberateľskej činnosti, zachránila množstvo vzácnych predmetov najmä z keramiky, fajansy, majoliky a pod., ktoré dnes obdivujú návštevníci múzeí v Trnave, Skalici a inde.

143
Tekovanky v krojoch na festivalových putovaniach. Folklórne festivaly boli vždy veľkou ľudovou slávnosťou. Napríklad len vo Východnej za tri dni v júli vystúpilo 1200 – 1500 účinkujúcich pre 60 až 80 tisíc návštevníkov.

144
Detvanec na folklórnych slávnostiach pod Poľanou v Detve. Podpolianske slávnosti sú krajskou prehliadkou folklórnych súborov i sólistov, ktoré udržujú naše ľudové tradície a priťahujú divákov nielen svojím špecifickým programom, ale aj prezentovanými krojmi.

145
Pred posledným zachovaným ľudovým domom v Štrbe pod Vysokými Tatrami. Svokra upravuje neveste štrbiansky kroj.

146
Terchovský muzikant z „Jánošíkovho kraja". Terchovská štvorka (často len v trojkovom obsadení) je archaickým prototypom husľovej hudby. Charakterizuje ju plný tvrdý zvuk združenia, vyplývajúci z častej hry na prázdnych strunách. Sprievodný spev je dvoj- a trojhlasný, jednoducho zdobený, hraný v terciách. Terchovskí hudobníci sú všade tam, kde sa prezentuje slovenská ľudová sláčiková muzika.

147
Osemdesiatpäťročný ľudový spevák Chvastek a mladá žena z Terchovej. Vďaka mnohým folklórnym slávnostiam nezaniká ani ľudová piesňová tvorba. Odovzdávaná je ďalším generáciám, obohatená o nové, súčasné prvky.

148
Predvádzanie starých ľudových zvykov na folklórnych slávnostiach v Myjave svedčí o tom, že aj mladí ľudia, účinkujúci v týchto programoch, sa živo zaujímajú o odkaz svojich predkov.

149
Ľudová architektúra v Čičmanoch, Radenov dom. Dom postavili počas rekonštrukcie obce (po veľkom požiari r. 1923) podľa pôvodných vzorov. Využíva sa pre národopisnú expozíciu, ktorá dokumentuje a približuje kultúru tejto rázovitej slovenskej dediny spod Kľaku. Od roku 1977 je časť obce vyhlásená za pamiatkovú rezerváciu ľudovej architektúry.

150
Čičmianske ženy počas nakrúcania televízneho folklórneho filmu. Folklórna dokumentaristika je u nás trvalým námetom filmovej i televíznej tvorby. Prispieva tak k popularizácii hodnôt slovenského folklóru doma i v zahraničí, kde si ho vysoko cenia najmä vďaka vystúpeniam profesionálnych súborov (Slovenský ľudový umelecký kolektív, Lúčnica a iné).

151
Podbiel, oravské ľudové zrubové domy. V Podbieli sa dosiaľ zachovalo takmer 30 pôvodných drevených obytných domov z polovice 19. a začiatku 20. storočia, z ktorých časť sa prenajíma na prechodný pobyt turistom a dovolenkárom.

152
Šaľa, typ ľudového domu z južného Slovenska so slamenou strechou a datovaním 1831 na brvne. Steny boli vytvorené z prútia vpleteného do kolov a z oboch strán ohádzané hrubou vrstvou hliny. V minulom storočí sa podobné domy stavali aj v bezprostrednom okolí Nitry.

153
Koceľovce, kovanie dverí pôvodne gotického portálu jednoloďového kostola z 1. polovice 14. storočia, v ktorom sa zachovali vzácne nástenné maľby z konca toho istého storočia.

154
Stará Halič, renesančná drevená zvonica pri kostole. Postavil ju mlynár J. Polóni roku 1673 v podobe komolého ihlanu. Pokrytá je šindľom, stojí pri starom katolíckom kostole z roku 1350, ktorý obnovili v rokoch 1904 a 1923.

155
Náhrobník z Madačky, zo zbierok Etnografického múzea Slovenského národného múzea v Martine. Náhrobník (19. storočie) je pozoruhodnou ľudovou kamenosochárskou prácou s reliéfnym dekorom. Podobné náhrobné kamene boli aj v Ábelovej, Nedelišti, Hornom Tisovníku a Lišove.

156
Drevený kostol v Miroli (okres Svidník) z roku 1770 je jedným z 27 chránených drevených sakrálnych stavieb na východnom Slovensku, ktoré sú ako celok národnou kultúrnou pamiatkou.

157
Svätý Kríž, artikulárny drevený evanjelický kostol zo zatopenej Paludze. Postavil ho tesársky majster J. Lang v rokoch 1773 – 1774. Svojou plochou 1 150 m^2 je najväčším svojho druhu v strednej Európe a pojme až do 5 000 osôb. Pri stavbe priehrady Liptovská Mara zatopili aj obec Paludzu. Kostol preto rozobrali a premiestnili 5 km južne, na okraj obce Svätý Kríž.

158
Interiér artikulárneho dreveného kostola v Hronseku pri Sliači, postaveného na murovanom základe v rokoch 1725 – 1726. Má pôdorys štvorca vpísaného do vnútorného oktogónu a poskytuje priestor pre 1 100 osôb. Vedľa neho stojí malá drevená baroková zvonica z 1. tretiny 18. storočia.

159
Jedlinka, typ dreveného kostola východného rítu z roku 1763 patrí do súboru chránených východoslovenských sakrálnych stavieb. Pravoslávny drevený barokový trojpriestorový kostol je zvonku architektonicky zdôraznený zvažujúcou sa kompozíciou troch stanových striech s cibuľovitými vežičkami a krížmi. Stavba neustále klesá a hrozí vážne poškodenie jej prekrásneho ikonostasu.

160
Leštiny, artikulárny drevený evanjelický kostol neďaleko Vyšného Kubína je jedným z viacerých podobných kostolov tohto druhu na Orave. Postavili ho v rokoch 1688 – 1689, renovovali roku 1853. Stavba v pôdoryse tvaru gréckeho kríža s emporou z troch strán poskytuje priestor pre zhromaždenie 900 osôb.

161
Kópie gotického rezbárstva vo Zvolenskom zámku vystavené na Svetovej výstave v Montreali roku 1967 sú z hlavného oltára Kostola sv. Jakuba v Levoči. Po stranách Madony sú reliéfy z bočných oltárnych krídel s námetmi „Rozchod apoštolov" a „Sťatie sv. Jakuba".

162
Madona zo Sásovej (sv. Žofia), gotická maľba (15. storočie) pochádza z Kostola sv. Antona a Pavla pustovníkov. Je vystavená v Stredoslovenskom múzeu v Banskej Bystrici.

163
Bronzové dvere z vínnej pivnice Spišského hradu vlastní dnes Slovenské technické múzeum v Košiciach. Detail dverí z roku 1580 zdobia tri Grácie.

164
Z expozície ikon Šarišského múzea v Bardejovských Kúpeľoch. Ikona sv. Michala archanjela zo 16. storočia (s ikonografickými prvkami ruskej tradície) pochádza zo zaniknutého kostolíka v Rovnom pri Svidníku.

165
Smrečany, detail maľby z bočného neskorogotického oltára,

datovaného rokom 1510. Výjavy zo života sv. Alžbety sú ukážkou majstrovskej práce neznámeho maliara.

166

Rimavské Brezovo, nástenná maľba zo 14. storočia. Roku 1893 odkryli a reštaurovali biblické námety na stenách a klenbe bývalého presbytéria kostola. Cenné gotické nástenné maľby sa nachádzajú aj v ďalších kostoloch nielen na Gemeri.

167

Lis na hrozno zo Sebechlieb patrí síce už do múzea, no vinohradnícka tradícia (od 11. storočia) pretrváva v Honte dodnes. Hontianska župa dosiahla najväčší rozkvet vinohradníctva okolo roku 1720.

168

Sebechleby—Stará Hora, vinohradnícke domce a pivnice z 18. a 19. storočia. Takmer dvesto pivníc na víno tu vytesali šikmo do skaly a nad pivnicami postavili vinohradnícke domce. Mnohé však prestavbami a prístavbami už pamiatkársky značne stratili na pôvodnosti.

169

Vlkolínec, dedina chránenej ľudovej architektúry v nadmorskej výške nad 700 m neďaleko Ružomberka je dostupná jedinou strmou, úzkou vozovkou. V obci sa zachovali takmer všetky drevenice, v ktorých dožíva svoj život niekoľko starousadlíkov v spoločenstve „chalupárov", ktorí mnohé domy kúpili do osobného vlastníctva, čím sa zabránilo ich spustnutiu. Od roku 1991 je zaradený do svetového kultúrneho dedičstva UNESCO.

170

Bardejovské Kúpele, Múzeum ľudovej architektúry Šariša patrí Šarišskému múzeu. Začalo sa budovať roku 1967, keď sem premiestnili pravoslávny drevený kostol zo Zboja (z roku 1766). Prvý drevený kostol (z Kožuchoviec) bol u nás premiestnený už roku 1925, dnes stojí na dvore Východoslovenského múzea v Košiciach. Záber ukazuje typický obytný dom a hospodársku stavbu z dolného Šariša (19. storočie).

171

Špania Dolina, banícky dom z 19. storočia patrí ku klenotom našej ľudovej architektúry. Podobné domy — obývané dvoma i viacerými rodinami — boli aj v Kremnických Baniach, Dolnom Turčeku, Hornej Štubni a Banskej Štiavnici.

172

Ždiar, ľudový dom upravený na turistické ubytovanie bol pôvodne typickým ždiarskym domom tzv. goralského typu. Dvor („obora") bol zo všetkých strán obostavaný drevenou stavbou, ktorá plnila všetky obytné i hospodárske funkcie. Obec Ždiar má asi 2 000 obyvateľov, no môže naraz ubytovať vyše 3 000 turistov. Ždiar je pamiatkovou rezerváciou ľudovej architektúry.

173

Múzeum slovenskej dediny v Martine. Národopisná expozícia v prírode sa začala budovať roku 1972 v Jahodníckych hájoch ako súčasť Etnografického múzea Slovenského národného múzea. Po dokončení má mať toto celoslovenské múzeum ľudovej architektúry okolo 500 objektov, čím sa splní sen Andreja Kmeťa i Dušana Jurkoviča.

174

Ľudový trojpriestorový dom v Bartošovej Lehôtke, reštaurovaný roku 1982, ukazuje, že aj v intraviláne obcí možno zachrániť nejeden skvost ľudovej architektúry.

175, 176

Mladé ženy a muž v goralských krojoch z hornej Oravy. Základné orientačné delenie slovenských krojov podľa regiónov sa člení približne na 32 skupín podľa územia. Úcta nielen ku krojom, ale aj k ľudovým tradíciám má hlboké korene v súboroch, ktoré teraz hľadajú svoju novú tvár v zložitých ekonomických podmienkach.

177

Múzeum ľudovej architektúry Oravy v Brestovej pri Zuberci na vstupe do Roháčov (1975) je len jedno z regionálnych múzeí v prírode na Slovensku, ktoré už existujú alebo sú vo výstavbe

(Nová Bystrica-Vychylovka, Pribylina, Stará Ľubovňa, Halič a pripravujú sa ďalšie).

178

Liptovské Revúce, drevený staroliptovský dom so šindľovou strechou uprostred nových murovaných domov v obci je už vzácnosťou, pripomínajúcou šikovné ruky i estetické cítenie ľudu, ktorý tu nemal ľahký život.

179

Zvyšok železiarskeho hámra nad Nižným Medzevom. Voda už nemá prečo krútiť koleso vodného náhonu. Spolu s mrazom, ľadom, vetrom i slnkom čas vytrvalo uberá z posledných dní starých strojov.

180

Sirk-Červeňany, vysoká pec z 19. storočia ako dôležitá technická pamiatka pripomína, že na Slovensku ešte roku 1870 bolo 54 takýchto pecí, z toho väčšina práve v Slovenskom rudohorí.

181

Stará lesná železnica pri Čiernom Balogu predstavuje zvyšok dopravnej trasy na zvoz dreva. Para v doprave u nás mala ťažký začiatok a smutný koniec; prvou železnicou (už v čase parného vlaku) bola konská železnica Bratislava—Trnava—Sereď (1839—1846). Dôvod konca? — Krmivo pre kone bolo lacnejšie než uhlie.

182

Oheň neba a zeme nad Slovnaftom v Bratislave vytvára obraz, aký Bratislava v minulosti nepoznala. Nový priemyselný gigant spracúva od roku 1962 najmä sovietsku ropu na moderné výrobky petrochémie. Slovnaft je najväčším vývozcom výrobkov chemického priemyslu v Česko-Slovensku.

183

Živá krása ocele z Považských strojární v Považskej Bystrici pripomína skôr počítačový obraz než žeravý drôt vo svojom zrode.

184

Skalica, prvý slovenský Dom kultúry z rokov 1904—1905 je významnou secesnou stavbou na Záhorí. Budovu, pôvodne označovanú ako Spolkový dom, navrhol architekt Dušan Jurkovič. Na jej stvárnení spolupracovali Mikuláš Aleš a Joža Úprka, maliar života Moravského Slovácka.

185

Považská Bystrica, vitráže Spoločenského domu od Róberta Dúbravca a ďalšie výtvarné diela v interiéri a exteriéri tohto zariadenia sú dokladom vynikajúceho uplatnenia a pochopenia monumentálnej tvorby pri výstavbe objektov kultúry a umenia.

186

Dom kultúry a hotel Lux v Banskej Bystrici tvoria kompozičné dominanty námestia pod Múzeom SNP. Dom kultúry projektoval J. Chrobák (realizovaný 1973—1979), hotel Lux (až 302 postelí) D. Boháč (dokončený 1966).

187

Dom umenia Slovenskej filharmónie v Piešťanoch sprístupnili verejnosti roku 1980. Má hľadisko pre 620 návštevníkov, orchestrisko pre 80 hudobníkov. Stavbu projektoval F. Milučký, plastiku pred budovou vytvoril E. Venkov.

188

Bratislava, Slovenská národná galéria. Pôvodnú tereziánsku stavbu kasární premosťuje (na mieste už prv zbúraného štvrtého krídla) oceľová konštrukcia s rozpätím 54,5 m, čo umožňuje vizuálne spojenie a pohľady na historickú stavbu od dunajského nábrežia. Architektonické riešenie prístavby od V. Dedečka (realizované v rokoch 1967—1969) je len fragmentom pôvodného projektového zámeru, ktorý riešil úlohu komplexne až po hotely Devín a Carlton.

189

Martin, detail tretej budovy Matice slovenskej na Hostihore realizovanej v rokoch 1964—1975 podľa projektu D. Kuzmu za spolupráce A. Cimmermanna. Výškovú časť novej dominanty martinskej siluety riešili systémom železobetónových stropov dvíhaných popri monolitnom jadre.

190
Interiér Veľkej sály Domu odborárov v Bratislave tvorí hlavný priestor pre kultúrno-spoločenské podujatia (s kapacitou 1280 kresiel). Architektonicky striedmo pôsobiacu stavbu, obloženú kubánskym mramorom, navrhli ako II. časť celého komplexu F. Konček a Ľ. Titl. Realizácia v rokoch 1977—1980.

191
Sanatórium Krym a hotel Jalta v Trenčianskych Tepliciach vytvárajú nové moderné centrum druhých najznámejších kúpeľov na Slovensku. Sanatórium Krym s kapacitou 250 postelí v lôžkovej časti projektoval M. Šavlík, hotel Jalta s kapacitou až 180 postelí V. Fašang.

192
Kúpele Dudince, bývalá zotavovňa „Červená hviezda" (otvorená v auguste 1982) je stavbou rovnakého typu ako zotavovňa v Piešťanoch (projektoval J. Poničan). Veľmi perspektívne, najmladšie kúpele na Slovensku s jednou z najúčinnejších liečivých vôd v Európe sa vytrvalo a rýchlo rozrastajú aj o nové liečebné domy.

193
Piešťany, liečebný dom Balnea Esplanade od V. Uhliarika a Ch. Tursunova dokončili roku 1980. S kapacitou 520 postelí je len jedným z objektov celého Balneacentra (spolu 1280 postelí) na kúpeľnom ostrove. Balneacentrum je najrozsiahlejším balneoterapeutickým komplexom na Slovensku. Svetoznáme kúpele v Piešťanoch navštevujú pacienti z celého sveta.

194
Turčianske Teplice, Modrý kúpeľ a Veľká Fatra. Liečebný dom s balneoterapiou a bazénom „Modrý kúpeľ" i staršími objektmi umožňuje liečbu 500 pacientov s 1 600 procedúrami denne. Veľkú Fatru (164 postelí postavili v rokoch 1976—1984 podľa projektu J. Víteka. Aj zásluhou tohto objektu vzrástol počet postelí v kúpeľoch na Slovensku od roku 1949 takmer na trojnásobok.

195
Sanatórium Ozón v Bardejovských Kúpeľoch s kapacitou 200 postelí podľa projektu J. Schustera postavili v rokoch 1970—1976. Architektúra v kombinácii travertínu, betónu a sklených stien (okien) v hliníkových rámoch pôsobí popri známej kolonáde a starších i nových liečebných objektoch ako výrazný prvok celej panorámy kúpeľov.

196
Nemocnica s poliklinikou v Banskej Bystrici. Zdravotnícky komplex postavili v rokoch 1966—1981 podľa projektu Š. Imricha. Centrálne budovy s nemocničnou časťou do tvaru veľkého písmena H (Hospital) majú 1 108 postelí. Komplex poskytuje základné služby pre 50 až 60 tisíc obyvateľov a vysokošpecializované služby pre vyše pol druha milióna obyvateľov celého stredného Slovenska. Súsošie pred budovou je od P. Tótha.

197
Žilina, budova podniku Oceľové konštrukcie je len jednou ukážkou zo stoviek podnikových stavieb. Na tvorbe administratívnych budov, objektoch terciárnej sféry (obchodné domy Prior, Jednota), športových, školských a iných stavieb všetkých druhov na Slovensku sa za 40 rokov zúčastnilo 26 projektových organizácií, v ktorých pracovalo viac ako 1200 architektov, vyštudovaných po roku 1945.

198
Nemocnica s poliklinikou v Galante tvorí dominantu tohto okresného mesta s približne 13 000 obyvateľmi. Stavbu realizovali v rokoch 1964—1980 podľa projektu M. Šavlíka. Ešte väčšia je nemocnica s poliklinikou v neďalekých Nových Zámkoch (kapacita 1 350 postelí), ktorú realizovali v rokoch 1969—1982 podľa projektu R. Pastora.

199
Administratívna budova v centre Považskej Bystrice s charakteristickou aulou v tvare zrezaného kužeľa vytvára dominantu architektonicky i urbanisticky pôsobivého námestia priemyselného okresného mesta s vyše 20 000 obyvateľmi. Budovu,

postavenú v rokoch 1968—1970, projektovali J. Meliš a S. Ďuriš.

200
Panelová bytová výstavba v Prievidzi i jej kontrast v neďalekej Handlovej nám pripomínajú zložitý povojnový vývoj urbanistických koncepcií bytovej výstavby. Od Novej Dubnice (začiatok výstavby roku 1953) až po bratislavskú Petržalku (od roku 1979) je urbanistická problematika predmetom živého záujmu celej spoločnosti.

201
Fontána na Mierovom námestí v Lučenci dotvára centrálny priestor moderného mesta. Rekonštrukciou závodov a výstavbou nových podnikov i rozsiahlou bytovou výstavbou (vyše polovice všetkých typov) sa po roku 1945 Lučenec rozrástol na mesto s 25 000 obyvateľmi.

202
Divadlo Jonáša Záborského v Prešove v centre mesta s kapacitou vyše 600 sedadiel v divadelnej sále a ďalšími veľkými viacúčelovými priestormi bolo odovzdané do prevádzky 14. 9. 1990. Autormi projektu sú architekti F. Jesenko, F. Zbuško a L. Domén.

203
Nitra, časť objektov Vysokej školy poľnohospodárskej, dokončenej roku 1961 podľa projektu V. Dedečka a R. Miňovského. V dennom štúdiu (i v štúdiu popri zamestnaní) sa na troch fakultách pripravovalo na svoj odbor okolo 5 000 poslucháčov ročne.

204
Nemocnica s detskou poliklinikou v Košiciach. Napriek zložitosti tvorby funkčnej zdravotníckej architektúry od nemocníc s poliklinikou III. typu (pre 1 až 1,5 milióna obyvateľov), II. typu (pre 150 000 až 200 000 obyvateľov) a I. typu (pre 40 000 až 50 000 obyvateľov) až po dvoj- a jednoobvodové zdravotnícke strediská, je rozsiahle zdravotnícke zabezpečenie trvalou úlohou spoločnosti.

205
Bratislava, administratívna budova Incheby vo výstavnom komplexe stavieb. V prvej etape (od roku 1978) sa vybudovalo 20 000 m² výstavných plôch, výšková administratívna budova, hotel so 650 posteľami, kongresová viacúčelová sála pre 2 500 osôb atď. Autor konceptu stavieb je architekt V. Dedeček. V pripravovanej II. a III. etape výstavby sa má komplex rozšíriť o 65 000 m² výstavných plôch, osobný prístav na Dunaji a iné.

206
Bratislava, televízny vysielač na Kamzíku projektovali S. Májek, J. Tomašák, J. Kozák, M. Jurica a J. Privitzer. Na centrálnom slovenskom vysielači vo výške 506 m nad morom je asi 78 m nad terénom vyhliadková kaviareň s otáčavou podlahou pre 80 návštevníkov. Stavba vysielača nákladom 120 miliónov Kčs bola realizovaná v rokoch 1967—1969.

207
Stavebná fakulta Slovenskej technickej univerzity v Bratislave svojou výškovou budovou patrí k tým stavbám, na ktorých sa prakticky overovali prvé skúsenosti s novými technológiami. Budovu s úžitkovou plochou 31 000 m² postavili v rokoch 1964—1973 podľa projektu O. Čierneho.

208
Prelínanie starej a novej Bratislavy ako hospodárskeho, správneho i kultúrneho centra Slovenska poznačil najbúrlivejší rozvoj stavebnej činnosti. Od roku 1945 sa tu postavili nielen rozsiahle nové obytné komplexy — sídliská, ale aj vyše stovky dôležitých stavieb pre školstvo, kultúru, zdravotníctvo, služby, rozhlas, film a televíziu, zahraničný obchod, priemysel a polygrafiu, ale aj stavby pre lodnú, cestnú, leteckú a železničnú dopravu.

209
Budova Slovenského rozhlasu v Bratislave bola dokončená roku 1985. Náročná oceľová konštrukcia obrátenej pyramídy zavesená na železobetónovom jadre maximálne využíva dané územie v blízkosti dvoch dôležitých komunikácií novšej časti centra

mesta. Atypickú stavbu projektovali Š. Svetko, Š. Ďurkovič a B. Kissling vo vtedajšom Štátnom výskumnoprojektovom a typizačnom ústave v Bratislave.

210

Stará Bratislava a výstavba Petržalky zo Slavína. Od roku 1976 sa začalo s rozsiahlou bytovou výstavbou 158-tisícového sídliskového mesta aj na pravom brehu Dunaja, na mieste starej zbúranej Petržalky. Po sídliskových súboroch Petržalka-Lúky a Háje sa buduje rozsiahly súbor Dvory (pre 24 000 obyvateľov). V časti Dvory VI sa počítalo s 1 376 bytmi prevažne v jedenásťposchodových domoch pre 4 682 obyvateľov (až 408 obyvateľov na 1 ha).

211

Bratislava, Štátny ústredný archív Slovenska ako prvú účelovú budovu tohto druhu realizovali nákladom 70 miliónov Kčs v rokoch 1976–1983 podľa projektu V. Dedečka. Monumentálna architektúra vytvára novú bratislavskú dominantu na Holom vrchu (Machnáči), kde už stojí aj nový amfiteáter, rozsiahla bytová výstavba, a rátalo sa aj s výstavbou Vysokej školy výtvarných umení a ďalších objektov.

212

Univerzálna prevádzková budova v Bratislave-Petržalke je lokalizovaná do budúceho južného centra súborov stavieb hlavnej triedy. Dva výškové bloky pre 1 200 administratívnych pracovníkov realizoval Hydrostav Bratislava v rokoch 1980–1990. Autorom projektu je Rudolf Masný.

213

Bratislava, Most SNP a Dunaj z vtáčej perspektívy. Konštrukcia pylónu symbolizuje nové perspektívy a dynamiku rozvoja architektonickej tvorby a jeho konštrukčné riešenie sa stalo vzorom aj pre zahraničných architektov. Autormi projektu sú J. Lacko, L. Kašnír, I. Slameň a konštrukčnej časti A. Tesár, E. Hladký a P. Dutko. Do prevádzky bol odovzdaný roku 1972.

214

Spišská Belá, v rodnom dome Jozefa M. Petzvala. Múzeum Jozefa M. Petzvala (zložka Slovenského technického múzea v Košiciach) pripomína život a dielo nášho významného matematika, fyzika, univerzitného profesora, vynálezcu a spoluzakladateľa modernej fotografickej techniky a optiky. Žil v rokoch 1807–1891, zomrel vo Viedni.

215

Borský Mikuláš, pamätná tabuľa na rodnom dome Jána Hollého (1785–1849). Hollý bol najvýznamnejším básnikom píšucim v bernolákovčine. Napojil sa na prúdy slovenského národného obrodenia, obdivovali ho mladí štúrovci.

216

Uhrovec, rodný dom Ľudovíta Štúra, vedúcej osobnosti slovenského národného obrodenia 1. polovice 19. storočia. Ľudovít Štúr, kodifikátor spisovnej slovenčiny, ideológ, filozof, historik, jazykovedec, básnik, spisovateľ, publicista, pedagóg, politik a redaktor, žil v rokoch 1815–1856. Zomrel v Modre (kde je dnes Múzeum Ľudovíta Štúra).

217

Dolný Kubín, pamätník rodákovi Jankovi Matuškovi (1821–1877). Pôsobil ako vychovávateľ, vládny adjunkt, úradník, bol literárne a kultúrne i spoločensky činným národovcom. V marci 1844 zložil hymnickú pieseň Nad Tatrou sa blýska. Roku 1843 jednoznačne oslávil Ľudovíta Štúra ako „kormidelníka plte národa".

218

Pomník Ďurkovi Langsfeldovi na mieste popravy v Kremnici. Učiteľ, rodák zo Sučian (1825), v máji 1849 so svojou čatou slovenských dobrovoľníkov prepadol oddiel maďarských vojakov. V júni 1849 ho zlapali honvédi, odsúdili a obesili.

219

Hnúšťa-Likier, pamätník rodákovi Jánovi Franciscimu (1822–1905). Patril k najvýznamnejším osobnostiam slovenského národného hnutia 19. storočia. Ako zástanca ozbrojeného odporu proti peštianskej vláde bol roku 1848 odsúdený na smrť

(trest bol zmenený na trojročné väzenie). Roku 1861 bol organizátorom a predsedom slovenského národného zhromaždenia v Martine.

220

Banská Bystrica, pamätná tabuľa Štefanovi Moysesovi – prvému predsedovi Matice slovenskej (1796–1869). Roku 1861 viedol slovenskú deputáciu, ktorá odovzdala panovníkovi Memorandum národa slovenského a návrh Privilégia na uskutočnenie rovnoprávnosti slovenského národa v Uhorsku.

221

Detail náhrobníka Andreja Kmeťa na Národnom cintoríne v Martine pripomína organizátora slovenského vedeckého života (1841–1908). Usiloval sa o hospodárske povznesenie ľudu, bol priekopníkom založenia Muzeálnej slovenskej spoločnosti (1895), ktorej bol až do smrti predsedom.

222

Pamätná medaila Jozefa Dekreta Matejovie (1774–1841), najvýznamnejšej postavy slovenského lesníctva 19. storočia. Bol priekopníkom moderného lesného hospodárstva a poľnohospodárstva.

223

Dolný Kubín, z interiéru expozície Pavla Országha-Hviezdoslava, právnika a jednej z najväčších osobností staršej slovenskej literatúry. Celý život prežil na Orave (1849–1921). Literárne nadviazal na štúrovskú poéziu národného obrodenia a na slovanskú myšlienku Jána Hollého. Popri vlastnej tvorbe sa venoval prekladaniu vrcholných diel svetovej literatúry. Na sklonku života stal sa poslancom Revolučného národného zhromaždenia v Prahe.

224

Jasenová, rodný dom Martina Kukučína. Dielo spisovateľa (vl. menom Matej Bencúr, 1860–1928) patrí svojou ideovo-umeleckou koncepciou k najvyšším hodnotám slovenskej realistickej literatúry. Prenikol hlboko do otázky zmyslu ľudského života a sociálnych vzťahov. Viac ako 30 rokov prežil v zahraničí (Juhoslávia, Južná Amerika).

225

Bratislava-letisko, pamätník Štefana Baniča (1870–1941), vynálezcu pružinového padáka (patentovaného roku 1914 v USA). Bol čestným členom letectva USA. Do Spojených štátov sa vysťahoval ako 37-ročný, pracoval ako poľnohospodársky robotník v Pennsylvánii. Roku 1921 sa vrátil do Smoleníc, kde pracoval ako obyčajný murár.

226

Rodný dom Jozefa Murgaša v Tajove pri Banskej Bystrici, vynálezcu v oblasti rádiotelegrafie. Murgaš (1864–1929) vyštudoval teológiu, potom s vyznamenaním Akadémiu výtvarných umení v Mníchove, aby sa napokon vysťahoval do USA, kde pôsobil ako kňaz v slovenskej baníckej osade. Roku 1904 získal v USA prvý patent (Murgaš ton-system). Roku 1921 sa vrátil do Československa, kde sa márne uchádzal o profesúru na ČVUT v Prahe. Vrátil sa späť do USA, kde získal ďalších 7 patentov z oblasti rádiotelegrafie. Fotokópie Murgašových patentov sú uložené v Národnom technickom múzeu v Prahe.

227

Samuel Jurkovič, tvorca družstevného úverového podnikania (1796–1873). Založil prvé úverové peňažné družstvo v Európe: Spolok gazdovský v Sobotišti (1845) sa stal vzorom pre mnohé ďalšie družstevné podnikateľské aktivity. Bol členom Slovenskej národnej rady (1848–1849) a spolutvorcom tzv. Nitrianskych žiadostí slovenského národa.

228

Andrej Hlinka, rodák z Ružomberka-Černovej (1864–1938). Rím. kat. kaplán, zatracovaný, uznávaný i obdivovaný nekompromisný vodca slovenského národa, väznený Maďarmi i Čechoslovákmi, najvýznamnejší predvojnový politik, bojovník za slovenskú autonómiu a samostatnosť.

229

Aurel Stodola na pamätnej medaile Slovenskej akadémie vied,

ktorá sa udeľuje za zásluhy v technických vedách. Dr., Ing., vysokoškolský profesor Aurel Stodola (1859–1942), významný vedec slovenského pôvodu, položil základy projekcie a stavby parných a spaľovacích turbín. V spolupráci s chirurgom F. Sauerbruchom skonštruoval už roku 1915 pohyblivú umelú (tzv. Stodolovu) ruku. Získal uznanie na celom svete. Zomrel v Zürichu.

230
Ružomberok, interiér Galérie Ľudovíta Fullu (1902–1980), maliara, grafika, ilustrátora, národného umelca, ktorého avantgardnosť tvorby ocenila spoločnosť postavením galérie (1969) ešte za jeho života. Obrazom Pieseň a práca (Grand Prix na Svetovej výstave v Paríži roku 1937) výrazne vstúpil do európskej moderny. Vedúci vplyv na formovanie slovenského výtvarného umenia si zachoval po celý tvorivý život.

231
Náhrobník Mikuláša Galandu na Národnom cintoríne v Martine. Pohreb Karola Kuzmányho roku 1866, ktorý mal charakter politickej demonštrácie utláčaného národa, sa stal základom myšlienky vybudovania Národného cintorína, dnes národnej kultúrnej pamiatky. Jednou zo 60 významných osobností slovenského kultúrneho a spoločenského života, ktoré tu boli počas 120 rokov pochované, je aj maliar, grafik a ilustrátor Mikuláš Galanda (1895–1938).

232
Slavošovce, spomienka na Pavla Dobšinského (1828–1885). Ev. farár, aktívny člen Jednoty mládeže slovenskej, pôsobil ako organizátor, básnik, redaktor (časopisy, zábavníky, zborníky slovenských národných piesní) a zberateľ ľudových piesní a rozprávok. Jeho vrcholným životným dielom sú Prostonárodné slovenské povesti (1880–1883), najrozsiahlejšia zbierka ľudových rozprávok, ktoré patria k základným skvostom slovenskej literatúry.

233
Martin Benka: Odolnosť, olejomaľba (1942) symbolizuje život a charakter národa, s jeho túžbou po slobode a kultúrnom rozvoji. Národný umelec Martin Benka (1888–1971), maliar, grafik a ilustrátor je završiteľom tradície národného obrodenia v našom výtvarnom umení a tvorcom hlavných znakov národne orientovaného moderného slovenského výtvarného prejavu.

234
Hra s časom v kvapkách breznianskej fontány pripomína detstvo nejedného z nás: neisté hry, neurčité predstavy o tom, čo príde, čo chceme a čím budeme, lebo život je neopakovateľný a jedinečný. A pretože nemožno dvakrát vkročiť do tej istej rieky a dotknúť sa tej istej kvapky vody, treba sa často v jedinom rozhodujúcom okamihu správne zaradiť do prúdu života.

TEXT TO PLATES

Slovenský raj (or Slovak Paradise), the Spiš Hills and part of the Slovak Ore Mountains from Kráľova hoľa
(Double Title-page)

1

Confluence of the Danube and the Morava rivers from the Devín castle. A minor fort had been built on the headland over the confluence of the two rivers before the 13th century to protect the important crossroads and the ford across the Morava river. At the time of the Slovak revival the ruins of the castle became to Štúr's followers a symbol of bygone glory of our ancestors. The castle complex is a national cultural monument.

2

Prehistorical Venus of Moravany nad Váhom from the Lower Stone Age is the earliest testimony to the creative expression in Slovakia. The statuette made of mammoth tusk, the size of a ear of grain, is deposited at the Treasury of the Slovak National Museum at the Bratislava castle.

3

Crouched skeletons from a quadruple grave at Barca near Košice with the locality of a unique burying-ground (over 100 graves) from the early Bronze Age. The skeleton of a mother with child is at the East-Slovakian Museum at Košice.

4

A relief from excavations at the Roman station Gerulata at Rusovce, on a sandstone polychrome plate from the end of the 1st half of the 2nd century A. D. portrays the myth about Daedalus and Icarus. The picture shows the relief together with its contemporary idealized cast.

5

Ritual ceramic from a tumulus at Nové Košariská and Dunajská Lužná in an archaeological exhibition of the Slovak National Museum at the Bratislava castle.

6

Celtic coins of the Biatec type at the Treasury of the Slovak National Museum. Four hoards of silver coins from the 1st half of the 1st century B. C. were found after the Celtic tribe Boyas in southwestern Slovakia.

7

Ducové-Kostolec, a magnate' s feudal farmstead of about half a hectare in area in the northeastern section of Piešťany. It is a reconstruction of an upland Great Moravian fortified type of dwelling from the 2nd half of the 9th century.

8

Foundations of a Great Moravian basilica at the Bratislava castle from the 2nd half of the 9th century are a monument adjustment of an archaeological find of the as yet largest known Great Moravian sacral building in Slovakia.

9

A Great Moravia motif as an ornament on the Museum gate at Nitra with symbolic figures by the sculptress Ľudmila Cvengrošová. It is a reminder of Nitra's bygone glory from the times of the Great Moravian Empire.

10

The Košice Golden Treasure at the East-Slovakian Museum is of considerable interest as regards our and European numismatics. The hoard was found in 1935 in the so-called Rákoczy house. It comprises a total of 2 920 coins, 3 medals and a chain (altogether almost 11 kg of gold), dating from the 15th-17th century.

11

"Michael's Prison" — the house of the last executioner at Košice. The buildings, originally Gothic, subsequently rebuilt, housed prisons for some 300 years (until 1909).

12

The rack — a bench of repressive education together with prisons (used as late as the 19th century) was destined not merely for common criminals, but also for numerous patriots in the then Hungary — defenders of social, national and political rights.

13

Jánošík's Company — a tapestry work by Šára and Janka Alexy from the collection of the Slovak National Gallery, some 4 m in height. The Jánošík tradition of an antifeudal resistance of the people is still to this day a source of inspiration to our art.

14

The exhibition of Jánošík's imprisonment at the Vranov manor is on view since 1982 at the Janko Kráľ Museum at Liptovský Mikuláš. When captured in March 1713, Jánošík (born at Terchová in 1688) was kept in prison at the Vranov manor and that same year was executed (hung on a hook through the ribs) at the town Liptovský Mikuláš.

15

A monument to the East-Slovakian peasant rebellion at Hanisko. In the summer of 1831 over 40 thousand peasants from 150 villages of Eastern Slovakia rose against the cruel oppression and exploitation by the gentry, aggravated by famine. (They were inspired by the revolutionary events in France and nearby Poland.) The rebellion was ruthlessly suppressed with bloodshed — 119 participants of the rebellion were hanged and 4 000 serfs were condemned to imprisonment and caning. The monument — a national cultural monument — was designed by J. Pospíšil in 1938.

16

Bound volume of the Statutes of the Slovak Foundation at Martin, of the first all-nation union, which was ornamented with the bead-type of embroidery, according to the design of the painter J. B. Klemens, by Anna Francisci, wife of the chairman of the preparatory committee of the "Memoranda of the Slovak Nation". The programmed document of Slovak National Petitions to the Hungarian Parliament from 1861 demanded autonomy for the Slovak nation and equal standing of the Slovak language in Hungary.

17

The Museum of the Slovak National Councils at Myjava is a national cultural monument. Here, in Kolónyi's House, were the Headquarters of the Slovak insurrection in 1848 and the seat of the first Slovak Government — the Slovak National Council.

18

Brezová pod Bradlom, tumulus of Milan Rastislav Štefánik at Bradlo, co-author of Czecho-Slovak Statehood of 1918. When on May 4th 1919 he was returning from Italy in a military plane Caproni to Bratislava, shortly before landing their biplane, for as yet unexplained reasons (though strong circumstantial evidence points to politically-motivated elimination) crashed at the Vajnory airport and Štefánik with all those on boards perished. The tumulus constructed in 1927–1928 is the work of National Artist Architect Dušan Jurkovič.

19

The exhibition of Tinkering at the Považie Museum, Žilina, shows the hard life and work, but also the skill of simple Slovak folks driven en masse by poverty and national oppression out of their own country (700 000 persons emigrated in the period 1871–1914 and another lot of 220 000 in 1920–1938).

20

Ružomberok, memorial to the bloodshed at Černová (Oct. 27, 1907) perpetrated due to a dispute regarding consecration of the local church by its parish priest A. Hlinka whom the Magyar-minded bishop Párvy suspended from his sacerdotal functions for his participation in the Slovak national movement. When Hungarian priests wanted forcibly to consecrate the church, Hungarian gendarms opened fire on the parishioners, 14 of whom they shot dead, grievously wounding other 10 and lightly 60. Another lot of persons (men and women) received sentences of over 36 years in prison.

21

Kalište, an insurgent village burnt down by the nazis. During World War II, over 60 villages met this fate — including also Kalište, burnt down on March 18, 1945 for aiding the partisans; the fascists then killed 13 citizens. Since 1963, the place of destroyed Kalište, properly adjusted, is a national cultural monument.

22

Museum of the Slovak National Uprising at Banská Bystrica (founded in 1955). The building is the work of Ing. Arch. D. Kuzma, and houses the above museum whose exhibitions were made accessible in 1969 and revamped in 1984 and again in 1990. In the backdrop on the photo is a bastion — remains of the town's mediaeval fortifications.

23

The Insurgent Train "Štefánik" near the Zvolen castle is one of three armoured trains made at the Zvolen Iron Works to help the Slovak National Uprising. The train crew (numbering 70 men) took part in several battles.

24

A detail of the monument to the Carpathian-Dukla operation Sept. 8 — Oct. 28, 1944) in the Svidník Saddle, carried out as a help to the Slovak National Uprising. 563 Czech and Slovak soldiers lie buried at the local National Cemetery and over 9 000 Soviets at Svidník. The oldest part of Dukla is from 1962, designed by J. Gruss, sculptor J. Kulich.

25

Decoration of the interior of the House of the Košice Government Programme. On April 5, 1945, the programme document of the first postwar government of the National Front of the Czechs and Slovaks was approved at a solemn meeting of the government and the Slovak National Council, which set up the tasks and the goals of the national and democratic revolution in Czecho-Slovakia. However, it was never implemented in practice.

26

Drama of Trees, Drama of Life. The sound of guns has long since died down in Slovak mountains. Here and there some rust-eaten arms may still be found, the thunder may crash deafeningly and lightning may split a robust stately giant.

27

Grave of the Unknown Soldier at Liptovský Mikuláš on the Military Cemetery atop the knoll Háj. During the fighting for the town, a total of 1 400 soldiers of Czecho-Slovak and Soviet units fell. Names of scores of them will probably remain unknown for ever.

28

Bratislava-Slavín, a monument to Soviet soldier, is one of the striking dominants of the Bratislava panorama. Altogether 6 845 Soviet soldiers lie buried atop Slavín hill who fell during the fighting for the liberation of Bratislava. The monument was constructed in 1960–1965 according to a project by J. Svetlík. The artistic ornamentation was designed by T. Bartfay, D. Castiglione, J. Krén, J. Kulich, J. Kostka, L. Snopek and R. Pribiš. The complex of the monument is a national cultural monument.

29

A double fence of barbed wire also on the Austria-Slovak frontier was evidence of a militarily divided Europe until December 1989. Glory to the victors of the war and a strange barrier after liberation formed the two sides of the same political coin.

30

The Federation Hall at the Bratislava castle was the scene on October 28, 1968 of an important State-political act — the signing of the Decree on Czecho-Slovak Federation. Through this legal arrangement. Czecho-Slovakia set out on a new stage of its development.

31

The Bratislava castle from the courtyard — north side. In 1811 the castle was burnt down and was then left to waste (it was called "Maria Theresia's upturned chair"). It regained some degree of a new fame after World War II; after its reconstruction, it now serves, since 1962, for representative aims of the Slovak National Council and is the seat of the Historical Museum — the Slovak National Museum. The castle is a national cultural monument.

32

A beech forest on the slopes of the White Carpathians. A specimen of forest wealth that makes up as much as 38 percent of the area of Slovakia. The intensive timber extraction is made up for by a careful attention to forests and extension of forest growths.

33

The environs of Gašparová in the Little Carpathians is an ideal site for the less exacting tourists who like recreation in sunny dales with leafy forests.

34

A tree-bordered avenue near Neverice between Nitra and Zlaté Moravce in a harmonious atmosphere.

35, 36

Several-layered water-lilies in the Demänová Cave of Liberty. Slovakia's karst wealth is among the greatest in the world. This small country boasts of over 150 caves on an area of almost 3 000 sq . km of karst territory: 12 caves are accessible to the public: some of them, e. g. those of Demänová — are world-famous.

37

Early-evening mood from Turiec, a picturesque geographic-historical region of Central Slovakia. Turiec has left its deep mark in our national history; it ceased as an administrative district (zhupa) in 1922, yet its name lives on (the Turiec hollow, etc.).

38

Liptovská Mara, the region around part of the water reservoir of the same name. The latter serves the energy-generating industry and with its 320.5 millionc. m of water, is the largest water reservoir in Slovakia. It is an important link in the system of fifteen Váh river cascades and as to flooded area (up to 27 sq . km), it ranks third after that of the Orava dam and the Zemplínska šírava in Slovakia. Together with the Orava dam lake it permits to regulate the rates of flow on the Váh river from Benešová down to Komárno.

39

Bezovec — a panoramic part of Považský Inovec, a mountainous landscape region of 600 sq. km in area. The range just exceeds by its highest peak the altitude of 1 000 m a.s.l. The winter snow cover lasts 60–80 days, summer counts 50–100 days per year. Hence, this charming area is the site of summer and winter tourism in Western Slovakia.

40

The High Tatras and Belianske Tatry from the ridge of the Low Tatras within the grandiose panorama of rising peaks — (from left): Vysoká (2 560 m), Končistá (2 476 m), Gerlach Peak (2 655 m), Bradavica (2 476 m), Javorový štít (2 418 m), Slavkovský štít (2 452 m), Ľadový štít (2 628 m), Lomnický štít (2 632 m), Kežmarský štít (2 558 m) and part of Belianske Tatry.

41

The Orava dam lake — the island Slanický ostrov in summer. Our "northern sea" came about through the construction of the first postwar reservoir in Slovakia, put into operation in 1953. The waters inundated an area of 35.2 sq. km, submerging 4 large villages; From that of Slanica, only an island has remained — the top of a hill with the little church. While making a sight-seeing tour of the island one can drop in at the Museum of Folk Painting and Sculpture. The lake is a favourite spot with water sportsmen.

42

Early evening on the dam lake Veľká Domaša, constructed on the Ondava river in 1962–1967. The water reservoir with an area of 15.1 sq. km supplies utility water and is also a significant factor as an anti-flood protection of the East-Slovakian lowland. Together with the scenic environment, it attracts numerous holidaymakers and sportsmen.

43

The Senec lakes near Bratislava with a water surface of practically 80 ha; they were formed through extraction of gravel pits, laying open the underground water table of the Danube plain. The lakes with possibilities of swimming, pursuing water sports and fishing, are surrounded right round with chalets, and serve as a significant suburban recreational hinterland to Bratislava, the capital of Slovakia.

44

The memory of Liptovská Mara, a village submerged by the waters of the dam lake is now recalled solely by the church spire of the hamlet that has given it its name. Its construction in 1969–1975 required the evacuation of over 4 000 inhabitants from 11 villages that were inundated. This immense body of water has strikingly altered the face of Liptov below the town Liptovský Mikuláš and has come to be a much sought for spot of recreation, water sports and fishing.

45

In the complex of water sports near Liptovský Mikuláš, ideal training and competition opportunities for canoeists and kayakers have been created by turning off part of the water from the Váh river into an artificial channel (with adjustable volume and rate of flow). Also competitors from abroad rank it as one of the best in the world.

46

The mainstream of the Danube at Hrušov before the territory had been flooded by the dam at Gabčíkovo. The dam and its systems of sluice-gates will greatly improve sailing by big crafts on the Danube at sites of river fords, difficult to maintain on the Slovak-Hungarian frontiers. The hydroelectric construction will also improve the balance of ecologically harmless production of electrical energy in Slovakia.

47

Lúčky — bathing below travertine cascades, of the Teplanka stream. There are springs of earthy acidulated waters, waterfalls on the travertine rocks in the environs, and a sanatorium for the treatment of gynaecological complaints at Lúčky.

48

The thermal swimming-pools at Kováčová near Zvolen are among favourites over here also thanks to the fine environs. Slovakia boasts of about 20 regions with thermal waters of a temperature from 40 up to

180 °C. The most prospective is the central depression of the Danubian basin where thermal waters are utilized especially in swimming-pools (Dunajská Streda, Čalovo, Patince, Štúrovo).

49

Volovec Mengusovský, from the stream Mengusovský potok — It separates the hollow Moncová kotlina (with the largest and deepest Tatran tarn on the Slovak side) from that of Žabie plesá (or Frogs' Tarns).

50

The High Tatras — the Symbolic Cemetery below Ostrva above the Poprad tarn was set up on the initiative of the painter Otakár Štáfl in 1936 in memory of those who "lost their lives because of their love of the mountains". On the cemetery premises there is a stylized chapel, commemorative tablets and a few carved wooden crosses of the Detvan type.

51

Kriváň from Veľká Kopa Gajarova. Kriváň (2 494 m) was already glorified as the prettiest and proudest Tatran peak by Štúr's adherents who saw in it the symbol of Slovak consciousness: they made the first ascent in common with Ľ. Štúr and J. M. Hurban at their head, on August 16, 1841. On the eastern slope of Kriváň is the source of the White Váh which, together with the Black Váh (rising under Kráľova hoľa), makes up the Váh — the longest Slovak river (403 km). The tradition of a national ascent to Kriváň has been preserved to this day.

52

Panorama of the valley Bielovodská dolina in the High Tatras with the peaks (left to right) Mlynár, Vysoká (2 560 m), Nižné Rysy, Nižný Žabí štít and Eastern Mengusovský štít. The valley, 6 km long, is also famous for the 10-hour tourist passage from Javorina across the Váha saddle to the tarn Popradské pleso.

53

Rysy, Vysoká and Ostrva from Štrbské Pleso, a typical moraine lake (at an elevation of 1 346 m) on the southern slope of the High Tatras. In 1970 the hamlet Štrbské Pleso was the scene of the World Championships in the classical ski events, for which a whole series of new sports buildings and tourist facilities were then constructed.

54

The slope of the tower Kvetnicová veža and the chalet Sliezsky dom in the morning light. The latter is the highest situated mountain hotel in this country (1 670 m). The Silesian Cection of the Tourist Union constructed here a chalet in 1892—1895 which was repeatedly readjusted but finally was destroyed by fire (1962). On its site the present Sliezsky dom — a much sought for target by tourists — was put into operation in 1968.

55

The waterfalls of the stream Veľký Studený potok beyond Hrebienok and below the chalet Kamzík, form a beautiful entry into the valley Veľká Studená dolina in the High Tatras. There are three of them — Malý (Small), Veľký (Big) and Dlhý (Long) — the latter is famous for the occurrence of dangerous whirlpool "pots".

56

The waterfall Večný dážď (Perpetual Rain) in the valley Velická dolina (famous for an abundant plantlife of the subalpine belt). Before ascending the Gerlach Peak (2 655 m) along Velická próba, we may recall at least the best known Tatran waterfalls — Kmeť's Waterfall below Nefcerka, Vajanský's Waterfall in Temné Smrečiny (Dark Spruce growths), Skok (Leap) in the valley Mlynická dolina, Obrovský (Giant) Waterfall in the valley Malá Studená dolina and Hviezdoslav's Waterfall at the threshold of the valley Kačacia dolina.

57

The peaks Lomnický and Kežmarský štít from the Lomnický ridge. Thanks to the skytram built in 1940, Lomnický štít is the most frequented one in the High Tatras, with a unique round-the-horizon view. The Skytram from Tatranská Lomnica overcomes a height difference of 1 620 m over a leg almost 6 km long.

58

Štrbské pleso and the Low Tatras with Kráľova hoľa in the background, from the ski-jumps in the sports complex "Dreamland". The tarn with its environs are the most frequented spot in the High Tatras. It enjoys a great number of sunny days in the year and fine climatic conditions which, as far back as the end of the 19th century, stimulated the construction of sanatoria for the treatment of diseases of the upper respiratory tract. The addition of new, modern such sanatoria only supports the outstanding therapeutic results.

59

Velická kopa from the Tatran arterial road "Magistrala". It was completed in 1937 as a tourist path 65 km long and runs through dwarf-pine covered, inaccessible slopes of the High Tatras. It takes three to four days of tourist walk to complete the four legs into which it is divided: Podbanské—Štrbské Pleso—Hrebienok—Veľké Biele Pleso—Tatranská Kotlina. The last leg — crossing through the Belianske Tatry — has been closed in the interests of a strict protection of the local plant and wildlife.

60

The High Tatras from Rysy (view in a westerly direction). Not a single sturdy, able-bodied tourist will miss the ascent to Rysy (2 499 m), for from its top a magnificent 360° panoramic view opens to him.

61

Belianske Tatry before a storm. Belianske Tatry are the eastern sector of the Tatran National Park declared in 1949. Since an extraordinarily rare calcicolous plant associations prosper here and also the multiplication of the chamois is followed here, the principal ridge is closed the whole year round all over its length of 15 km.

62

Volovec and Ostrý Roháč from the Third Roháč Tarn. The Roháče — in the dead end of the Roháče valley — as the most valuable territory of northeastern Orava from the nature-scientific and landscape point of view, are a State nature reserve since 1974.

63

A spring morning at Oravice with Giewont on the horizon. A take from the Skorušina slope — the sun enters the Tichá valley from behind the Red Peaks — Červené vrchy — on the Polish-Slovak borders of the High Tatran ridges.

64

The rock formation Mních (Monk) in Tiesňavy of the valley Vrátna dolina is one of numerous bizarre and brittle limestone formations, quite exacting as regards mountaineering, in Vrátna valley and Obšívanky. Folk fantasy assigned to them richly metaphorical names, such as Altar, Camel, Crocodile, Dancer, Organ, Pillar, Jánošík's Bench, Shepherds, the Great Falcon Tower and — in the Rozsutec sector — The Three Dogs, Pipes, Cockerel, Churn, Chimney, and the like.

65

Malá Fatra a spring below Rozsutec. Jánošík's country with his native village Terchová and with the bizarre Rozsutec is one of the most charming nooks of typical Slovak scenery.

66

The needle Hričovská ihla on the edge of the Súľov Rocks announces entrance to a rare natural formation of the middle Váh river valley. The Súľov Rocky formations are the mightiest approaches to the Súľov gorge from the stream Hradné.

67

The hall called Cintorín (Cemetery) in the Dobšiná Ice Cave is a specimen of the enchanting, weird underground world, surrounded by summer nature. This is the biggest of our ice caves; it was open over a hundred years ago (1871) and was the very first one to be electrically lit in Europe (1882). During the 100 years, it was visited by over 2 million persons. The bottom is covered with a floor of ice up to 25 m thick. It is prettiest in the spring when it is "abloom" with hoarfrost.

68

The Gerlach peak in the centre of the Tatran panorama, the highest peak (2 655 m) of the highest mountain range of the Carpathian arch. Ascent to it from Sliezsky dom (4 h) and descent towards the Batizovce tarn (4 h) are touristically unusually exacting, in part ensured with chains fixed in rock. It is recommended solely in the company of mountain guides.

69

The Low Tatras (Chopok and Ďumbier) from Dereše. The Low Tatras are the only Slovak mountain range connected from either side by a chair-lift (Jasná—Chopok—Srdiečko). The central part of the Low Tatras constitutes the dominant in competitive and tourist alpine skiing. It is the most frequented ski region in Slovakia.

70

Ďumbier, Chopok, Dereš and Poľana from below Siná peak represent but some 10 km-long section of the 95 km-long ridge of the Low Tatras. The latter, by their extent of 1 242 sq . km, form the most extensive orographic whole in the central part of Slovakia. The snow cover above the upper forest limit lasts 110—210 days in the year, a most favourable feature for skiing.

71

A wintry fable from the Martin downs — Martinské hole — intact nature at an elevation of about 1 400 m a.s.l. A mere 2 km away is a busy resort of winter sports with five ski tows (capacity of over 2 000 persons per hour).

72

Babia hora, Rozsutec, Steny, Stoh and Hromové seen from Chleb. There are not many days in the year here when an extraordinary good visibility permits to get a sight from Chleb of Babia hora (1 725 m) on our side of the frontier with Poland, distant over 50 km as the crow flies.

73

Čierny Kameň in Veľká Fatra from the valley Veľká Turecká dolina. A meadowy pattern of the 45 km-long range alternates with the rocky sector of Čierny Kameň (Black Rock), from below which starts the 24 km-long valley Ľubochnianska dolina, the longest one in the whole of Veľká Fatra. The protected landscape region has three further well--known valleys, viz. of Gader, Necpaly and Belá.

74

The valley Zádielska dolina — a State nature reservation (since 1954) in the Slovak Karst. Erosion in the Middle Triassic limestones gave rise to a 300 m-deep gorge and defile abounding in mountain, subalpine, but also thermophilous Pannonian plant species. The rocky defiles are also the nesting place of rare birds of prey.

75

A stony potato plot at Javorie. From over 60 orographic wholes in Slovakia, some are almost totally unknown. Javorie was a group volcano with several volcanic cones that poured out andesite lava streams. In this region between Zvolen and Pliešovce, cereals and potatoes are cultivated on small plots on the more moderate slopes, in the more southerly parts cultivation of fruit and vine is being extended.

76

The slopes of the Little Carpathians with their vinyards bear proof to the continuity and flourish of viticulture here, particularly since the 11th century down to the present times. Vine cultivation gradually spread practically all over Slovakia, but especially to the regions (or zhupas) of Trenčín, Nitra, Hont, Abov, Tekov, Zemplín, and eslewhere.

77

Kulháň, a protected reservation of ancient old oak trees at Považský Inovec near the village Prašice, was declared a protected locality in 1972. Some 70 oak trees are protected here whose age is estimated at 200 to 600 years, the largest of them having a girth of 670 cm. Not far from Kulháň is the famous recreational resort of water sports Duchonka.

78

Dobroč — a primeval forest in the Slovak Ore Mountains. This locality, the oldest primeval forest in Slovakia, was declared a State nature preserve as early as 1913. It lies on the slopes of Veľký Grúň, some two hours'walk from the village Dobroč. The intact reservation proper of forest growth is made up of spruce, fir, ash, mountain maple and beech trees — some of which are over 400 years old. The reservation is separated from the surrounding forests by a swathe as protective belt.

79

The body of water Ružinov dam lak below Šivec forms part of the system of hydroelectric power stations between Margecany and Ružinov. The dam is 14.5 km long and has an area of 3.8 sq. km. It was constructed in 1963—1973 (whereby a trouble-free running of the East-Slovakian Iron Works was ensured). Hemmed in by forests, it creates a pleasant recreational suburban hinterland, especially for Košice.

80

Pieniny — rafting. Sailing on a raft through the Dunajec gorge is an unforgettable experience to visitors of the bilateral (Slovak-Polish) Pieniny National Park. The wild waters of the Dunajec have created 5 deep meanders in the Gorge. Our leg of the river between Červený Kláštor and Szawnica Nižna (Poland) is 6 km in length. The Pieniny National Park (PIENAP) was declared in 1967.

81

Dawn at Zemplínska šírava. After the Orava dam lake, this water reservoir is one of the three biggest in Slovakia (area 33.5 sq . km); it serves mainly to supply water for industry and agriculture. It was constructed in 1961—1965. The region is one of the sunniest in the whole ČSFR and is annually visited by over a million vacationists.

82

The mediaeval cannon in front of the Betliar château and the statuette of Buddha among the flower beds point to the life style of wealthy feudal gentry, such as the Andrássy family, the owners of the château, mines and iron works in the environs. The château has a large quantity of diverse exhibits, but the one most prized here is the big library (with some 20 000 volumes of books from the 17th—19th century). The château is a national cultural monument.

83

The Beckov castle closes the Považie vale. Together with the Trenčín castle it guarded the western frontier of Upper Hungary in the 13th century. In the 14th century it was conquered by Matthew Czak of Trenčín, one of the most influential feudal lords of the times. The castle to which the Turks had vainly laid siege (1599), fell a prey to flames (1729) and lay in ruins. It is being partially restored as a national cultural monument.

84

The Topoľčany fort on the edge of Považský Inovec, some 15 km distant from Topoľčany, was constructed in the mid-13th century. It was repeatedly rebuilt and extended (particularly at the time of anti-Turkish wars), but ultimately, uninhabited, it deteriorated into ruins. Nothing but a striking silhouette has remaind of it, with a tower in the romanticizing style, completed in the 19th century.

85

Trenčín, entrance to the Trenčín castle, one of the best-known in Slovakia. The first written record on our territory from 179 A. D. carved into the castle rock at the foot of the hill, speaks of the defeat of a Germanic tribe by the 2nd Roman legion. The name of the famous owner of the castle Matthew Czák of Trenčín (12060?—1321), known as "the Lord of the Váh and the Tatras" is but a part of the rich history of this fortified dominant soaring above the town.

86

The Trenčín castle floodlit at night. At the present time, reconstruction works are restoring to the Trenčín castle its former shape from the end of the 15th and early 16th century, when it was in the hands of the Zapolya family. The Upper Castle houses exhibitions of the Trenčín Museum. The Trenčín castle is a national cultural monument and the most striking dominant of the middle Váh river valley, abundantly spun about with legends.

87

The château courtyard at Topoľčianky. Originally a renaissance manor. In 1825—1830 a classicist annex was added at the site of the southern wing, which served as the summer residence to the first president of the republic. In 1960, the château was donated by the then government to the Trade Unions. The château, encircled by one of the largest English-style parks in this country, together with the game preserve (breeding of bisons) and the fine forest environs, traditionally ranks among the most frequented spots in Slovakia. The château is a national cultural monument.

88

The panelled ceiling in the so-called Golden Hall at the Bojnice château, with the copy of the portrait of the owner John Pálffy. At a time when numerous rare buildings in Slovakia were falling into ruins, Pálffy successfully rebuilt the Bojnice château (1899—1909).

89

Bojnice, the romantic château after French pattern. The original castle dates from 1113. It has gone through numerous adjustments and was given its present-day form towards the end of the 19th century when its owner John Pállfy had it rebuilt in the style of French châteaus in the Loire valley. The Bojnice château (which houses the Museum of Neo-styles) together with its environs, its sulphurous spa and zoo, attracts numerous visitors and holiday-makers.

90

Budmerice, a hause of Slovak Writers. The manor was rebuilt by John Pálffy in 1889 at a time when French models were being imitated. The building of an insignificant architectural value today serves for working and recreational stays to Slovak writers.

91

The Neo-Gothic mansion at Rusovce near Bratislava is an example how former residences are turned to cultural aims. The mansion was put up in the second half of the 19th century in a style imitating English Gothic. The English-style park is the scene of peace festivities as part of the Bratislava Cultural Summer.

92

The Smolenice castle in the Little Carpathians. The original fort with a guard function was built in the 14th century. It had several owners, till it passed in 1777 into the hands of John Pálffy. This family, originally of little significance, gained positions and extensive estates in western Slovakia (and also in Austria) not solely through distinction in the anti-Turkish wars, but also through political speculations. Nationalized after World War II, the castle was completed and adjusted in 1949—1957 for the needs of the Slovak Academy of Sciences (scientific and recreational stays, symposia, conferences, etc.).

93

The manor at Moravany nad Váhom near Piešťany. The original renaissance manor was built on orders of the bishop Čáky in the 16th century. In 1881, a 2nd floor was put up behind the original high attic. The manor with the original complex of outhouses was adjusted for work and recreational stays of artists. The adjacent park is adorned with wooden statues whose authors are participants of international sculpture symposia organized at Moravany.

94

The castle Lietava near Žilina is first mentioned in 1318 when it already was in the possession of Matthew Czák of Trenčín. The castle went on changing owners until in the 2nd half of the 16th century it fell, through marriage, to the Thurzo family in whose hands it stayed until the family died out. In 1729 the place remained uninhabited (only the archives were left in it) and when the heirs ceased to care for it as of 1770, it gradually turned into ruins.

95

Starý hrad (or the Old Castle) a dominant near Strečno. ''Starhrad'' had already been a point of support and a toll station on the Váh river back in the 13th century. In the 14th century, together with the Strečno castle it played a leading role in the Upper Váh valley. It had numerous owners, also Matthew Czák of Trenčín and the Pongrác family among them. Dissensions among the latter ultimately brought about its devastation; when the Turkish danger had passed, also the castle lost its strategic significance. Today it lies in ruins to which is attached many a folk legend.

96

The Spiš castle, the biggest one in Slovakia, and even in the whole of Central Europe, ruled it over Spiš since 1209. As an impregnable stone fortress, it even resisted the Tatar incursion (1241). The original Romanesque castle underwent numerous rebuildings and adjustments from the late-Gothic until renaissance (done on orders of the Thurzos for residential purposes). After the fire of 1780 the castle began to go to waste and not even its last owners, the Čákýs (1638—1945) — formerly the hereditary ''zhupans'' (district administrators) of Spiš could save it from decay. Only the ongoing extensive reconstruction and conservation works gradually permit to utilize the castle with its three courtyards for exhibition purposes of the East-Slovakian Museum. A part of the upper castle has already been made accessible to the public. It is a national cultural monument.

97

The land beyond the Orava castle. The first mention of the castle — today a national cultural monument — a charming dominant of Lower Orava, dates from the year 1267. The castle proudly soars over sites that recall the bloody suppression of Piko's antifeudal rebellion in 1672, which was joined in also by mayors of Orava and Liptov.

98

The mine lake Klinger in Štiavnica hills is an ingenuous system of mine reservoirs, constructed practically 200 years ago in the environs of Banská Štiavnica. The reservoirs served industrial and water-economy purposes. Even today, 19 such works are still in operation, and some of them — particularly the lakes Počúvalské, Richnavské and Studenecké — are simultaneously popular sites of recreation.

99

Zvolen, mediaeval royal castle, by its basic construction, represents the peak of Gothic architecture in Slovakia (2nd half of the 14th century). The castle underwent renaissance and fortification adjustments which were carried out as late as the 18th century (especially for the needs of the Zvolen ''stolitsa'' = district), but ultimately it lost in significance and began to go to waste. Adjustment by the Care of Monuments Society began in 1894—1896, but a general reconstruction was carried out only in 1956—1969. The place is now utilized as the headquarters of a side department of the Slovak National Gallery and for the town's cultural needs. This national cultural monument is an inherent part of Zvolen's silhouette and of its fine environs.

100

The castle at Slovenská Lupča near Banská Bystrica was famous back in the 2nd half of the 13th century as a hunting lodge of the king and his retinue. The Turkish threat required a reconstruction of the castle, nonetheless, the vassals of the Lupča demesne dearly paid for the Turkish pillaging raids (1526—1718); from the village Poniky, the Turks carried away 300 persons into bondage and burnt down the village (1678). After the fire of 1860, the castle was gradually adapted and utilized for various purposes (orphan home for miners' children, later — until 1957 — a warehouse). Today it serves as a house of retreat for religious sisters.

101

Plaveč, the most northerly-situated Slovak castle. The silhouette of ruins of high walls in the residential wing and remains of bastions

represent but a negligible part of the formerly important castle which guarded the trade route from Šariš to Cracow in Poland. The castle, mentioned as far back as 1294 as a frontier fortress, was completed only in the mid-14th century. The problems with the last inconsiderate adaptation to dwelling aims (1830) were definitively resolved by a destructive fire (1856) which left but ruins of its bygone glory.

102

Bzovík — inside the tower of a fortified cloister. The founding of a Premonstratensian monastery at Bzovík (1127—1131) is mentioned in connection with the name of king Bela II who donated property to it and set up the abbacy. In the mid-16th century Sigismund Balaša occupied the monastery, drove away the monks and fortified it against the Turkish threat. However, the monastery was not ultimately conquered by the Turks, but by Tököly's armies (1678). The monastery, abandoned since the 19th century, fell into decay which was completed by World War II. This protected monument was partly repaired in the early 70s.

103

The castle Krásna Hôrka, an anti-Turkish fortress in Gemer, fortified in 1539—1545. The last owners of the castle were the Andráši family (since 1642) who had it rebuilt and enlarged. It was badly damaged by fire started by lightning (1817). The very last inhabitant of the castle, Dionýz Andráši, after the death of his wife Frances Hablavcová, had it readjusted in fact into a family museum only (1903). At Krásnohorské Podhradie he had a mausoleum built for his wife — one of the finest art nouveau buildings in Slovakia. Numerous, also literarily treated legends attach to this castle. It is a national cultural monument and now serves as a museum of feudal dwelling.

104

The Turňany castle on the edge of a karst plateau was constructed after the Tatar incursion in the 13th century. During the wars for the Hungarian throne it fell into the hands of Jan Jiskra, then in 1652 it fell into Turkish hands and was definitively destroyed during the anti-Habsburg rebellion in 1685.

105

The Nitra castle — a complex of buildings on the Castle Hill. The castle, the episcopal palace, the episcopal cathedral and ramparts, together with the archaeological localities of Slav settlements at Chrenová, Zobor, and the Slav burial-ground at Lupka, have been declared national cultural monuments. Although Nitra (originally Nitrava) boasts of a remote history with a written evidence of the earliest Christian church in Slovakia (833), the present-day baroque form of the Nitra castle dates from 1706—1736. Nitra has experienced times of glory (during the Great Moravia Empire it was the seat of the Nitran principality of princes Pribina and Svätopluk), but also times of decline (from a free royal town it became in 1288 a feudal commune of the bishopric) and it was devastated by practically every war, rebellion and incursion, that took place in Slovakia over the centuries, so that not many of the original buildings have been preserved.

106

Skalica, an early-Romanesque rotunda (in the centre of the picture) is a national cultural monument. It was built in the 11th century. Another outstanding Romanesque monument is also St George's little church at Kostoľany below Tríbeč (from the 11th century), then the little church at Dražovce near Nitra (early 12th cent.) and the originally late-Romanesque cathedral at Spišská Kapitula (from 1245—1273), as also further bigger and smaller sacral buildings dispersed all over Slovakia.

107

St Elizabeth's Cathedral at Košice with St Michael's chapel is a national cultural monument. The largest Gothic church in Slovakia, constructed in 1345—1508, served as model for similar buildings at Levoča, Bardejov, and even in Poland, Hungary and Transylvania. It has an artistically valuable interior with 4 Gothic altars and a royal loggia (similar to that in St Vitus's Cathedral in Prague).

108

Hronský Beňadik, Gothic church and monastery in the Hron river valley, upstream of the so-called Slovak Gate, is the most significant fortified sacral building in Slovakia. Work on it was begun in 1350. The façade with the peak-Gothic portal and abbatial wing. The building was fortified in the 16th century because of the threat of the Turkish danger, but also for fear from attacks by inhabitants of Banská Štiavnica. It belonged to the Benedictines. Today the abbatial wing houses the Caritas Home. The whole complex is being prepared for general repairs. It is a national cultural monument.

109

The Piarg Gate at Banská Štiavnica seved a defensive function; it dates from 1554 and was adjusted in baroque in the 18th century. In 1763 a Mining Academy was founded at Banská Štiavnica as the first College of a technical line in the world. In 1782 the town counted over 23 000 inhabitants (it was the third biggest town in the then Hungary), but as of the 19th century it began to decline and its population decreased (in 1985 it counted just over 10 000 souls). The historical core is a monument reservation and the Old Castle together with 11 buildings of the former Mining Academy is a national cultural monument. The Old and the New Castle, the Chamber Court, as also some further buildings today serve the needs of the Slovak Mining Museum.

110
The Calvary Hill at Banská Štiavnica is the finest sacral complex of its type in Slovakia. It was constructed in 1744—1751 on the initiative of the Jesuit father F. Perger. The Calvary on steep hill is made up of seventeen stations and five larger buildings situated within the axis of the architectural complex.

111
Panorama of Banská Štiavnica with the Calvary and the New Castle. Already back in the Middle Ages this mining town whose building prosperity was stimulated by the lucrative extraction of silver since the 16th century, spread terrace-like in the scenic environment of the Štiavnica hills. In 1564—1571 an anti-Turkish watch tower was put up — the New Castle — which together with the baroque Calvary (1754) forms to this day the dominant features of the town's panorama.

112
Kremnica, the restored, originally Gothic house on the Square, in the well-preserved historical core of the town's monument reservation, including buildings of the so-called Mázhaus-type of burgher houses with an entrance portico or minor corridor.

113
Kremnica's town castle, a national cultural monument. The complex of houses preserved practically in the original conception dates from about 1388—1405. Kremnica (as a settlement where gold was mined already about the year 1 000) is first mentioned in writing as Cremnichbana in 1328. In the Middle Ages Kremnica was one of the principal gold producers in the then Hungary. About the year 1440 it was fortified with ramparts and was thus connected with the castle. In 1328 a mint was set up here — famous particularly by its golden ducats — which is still in operation today and is thus by its over 650-year-old history, the oldest in Europe.

114
The façade of Thurzo's house at Levoča with pseudo-renaissance sgraffiti was decorated by undergraduates of the school of applied arts in Budapest in 1903—1904 under the direction of Prof. Š. Groh. In 1958—1959 they were restored by M. Štalmach. The typical house of a mediaeval wealthy burgher came about through a renaissance rebuilding of two Gothic buildings in the 16th century.

115
Poprad — Spišská Sobota, the altar by Master Pavol of Levoča from 1516 is the pride of St James's parish church. The burgher houses surrounding the church on the Square were originally Gothic, later rebuilt in renaissance (seven of the most valuable are being restored into their original state).

116
Levoča, Judas at the Last Supper, by Masster Pavol of Levoča is from the altar at St James's church. One of the highest late-Gothic cupboard--type of altars in Central Europe (18.5 m high and 6 m wide) was made with the help of co-authors in 1508—1515. Likewise 3 central statues on the altar are by Master Pavol.

117
The Apostle James by Master Pavol also comes from the predella of the main altar in St James's church. Master Pavol held a prominent place among contemporary artists; in 1527—1528 he was inscribed on the roll of the councillors. He was invited to Levoča in all probability in 1500 by J. Thurzo, a Cracow burgher originating from Betlanovce, doing business transactions also in Poland.

118
Levoča, the renaissance portal in the house on the square (No. 40) carries the date 1530. The house is from the 15th century (it was restored in 1982). The architecture and monuments of art in Spiš remember power struggles, but also the promotion of trades and commerce; they are marked by multi-national influences. And the towns Levoča and Kežmarok waged irregular wars between them (in the lst half of the 16th century).

119
Spišský Štvrtok, St. Ladislaus's church with a chapel of the Zapolya family near the southern side of the church nave. In 1473, Štefan Zapolya, hereditary "zhupan" of Spiš and the then Hungarian Palatine had a Gothic storeyed chapel, destined for him and his family, built as

an annex to the originally Gothic church from the 13th century with Romanesque elements.

120
Levoča, a cross-ribbed corridor in the Minorites' cloister from the 14th century. The Gothic arcaded corridor enclosing from four sides the centre of the monastery (a Gothic courtyard) is attached at the old town ramparts to a three-nave church.

121
Levoča, the Town Hall and St. James's church in the urban monument reservation. The former, originally a three-wing building has an attic superstructure after the manner of Polish renaissance. The Gothic hall church of a pseudo-basilica type was completed before 1400. Inside the church are the famous carving works by Master Pavol and those from his workshop.

122
Bardejov, a part of the originally Gothic houses from the 14th century in the historical core of the town have preserved their Gothic-renaissance character to this day although they have undergone several partial adjustments and renovations.

123
Bardejov, the Town Hall and St. Egidius' church in the urban monument reservation — the best preserved mediaeval urban whole in Slovakia. The Gothic-renaissance Town Hall dates from 1505—1508. St Egidius's church (from 1415) has 11 original Gothic altars from the Bardejov carving school.

124
Kežmarok, an early-baroque chapel from the year 1658 dominates in the courtyard of the town's castle. The originally Gothic castle from the 14th to 15th century with a renaissance and later rebuilding has been reconstructed for the needs of a museum. Kežmarok is an urban monument reservation.

125
Prešov, the stucco decoration on the late-baroque house at No. 22 on the Square is an extreme example of the life style in the 17th century which left its mark also on architecture and fine art. The baroque by its dynamism, its propensity towards monumentalism, pompousness and illusiveness, imparted its hallmark to many sacral and profane buildings in Slovakia, (for instance the "Salla Terrena" at the castle Červený Kameň — or Red Stone, and others).

126
The renaissance steeple of the parish church at the village Svinia dates from 1628; its attic-like termination is typical of a whole series of charming renaissance steeples in Eastern Slovakia (Červenica, Jamník, Spišský Hrhov, Granč-Petrovce, Chmeľov, Chmiňany, Osikov and Badačov), from the 1st half of the 17th century. The steeple was renovated in 1982.

127
Podolínec, a renaissance belfry next to the church, constructed in 1659, is an example of prismatoid, self-standing belfries in Spiš, reminiscent of bastions. It is ornamented — similarly as the renaissance belfries at Poprad, Spišská Sobota, Strážky and Vrbov — by a gabled attic. The oldest and the prettiest steeple of this type is at Kežmarok (1568—1591).

128
The side-nave of the Gothic church at Štítnik. Originally mediaeval and later mural paintings (principally according to Italian models) were whitewashed in the mid-17th century and were uncovered only in 1899—1908 and 1908—1914. The church is a national cultural monument.

129
Trnava, interior of the University church which is one of the most valuable works of early-baroque architecture in Slovakia, richly ornamented with stucco works (G. B. Rossi, G. Tornini, P. A. Conti). The main altar dedicated to St John the Baptist is from 1637—1640 (it was built by K. Knilling from Vienna in collaboration with home masters — V. Stadler, V. Knotko, V. Knerr and Ferdinand); it counts 27 statues. Since 1541 Trnava was for over two hundred years the centre of ecclesiastical administration of Hungary. The church with the complex of adjacent buildings and the Jesuit college has been declared a national cultural monument thanks to the architectural value.

130
Bratislava, Michael's tower in the town's historical core. The towns Levoča, Bardejov and Kremnica have indeed the best preserved mediaeval ramparts in Slovakia, yet Michael's tower with the gate in Bratislava is even more famous. It is a remnant of the fortification system of the free royal town Bratislava which had 3, and in the 15th century as many as 9 gates. Of these, only Michael's gate has been preserved (from

Europe and seats up to 5 000 believers. In the construction of the dam lake Liptovská Mara, also the village Paludza was inundated. Therefore, the church was taken apart and moved 5 km to the south, at the edge of the village Svätý Kríž.

158
Interior of the wooden church at Hronsek near Sliač, built on a brick-built foundation in 1725–1726. It has a square groundlay, set inside an orthogonal interior and provides space for 1 100 persons. Next to it stands a small wooden baroque belfry from the early part of the 18th century.

159
Jedlinka, the East-Slovakian type of wooden church from 1763 is one of the group of protected East-Slovakian sacral buildings. This Orthodox baroque three-nave church is architecturally remarkable on the outside by a sloping composition of three pyramidal roofs with cupolas and crosses. The building is steadily sinking and there is danger of its beautiful iconostasis coming to harm.

160
Leštiny, the wooden Evangelical church not far from Vyšný Kubín is one of several similar churches of this type in Orava. It was built in 1688–1689 and renovated in 1853. Standing on a groundlay in the form of a Greek cross with gallery on three sides, it takes in a congregation of 900.

161
Copies of the Gothic woodwork at the Zvolen castle exhibited at the World Fair in Montreal in 1967 are from the main altar of St. James's church at Levoča. On either side of the Madonna are reliefs from the side leaf altars with the topics "Parting of the Apostles" and "The beheading of St. James".

162
Madonna from Sásová (St Sophia) a Gothic painting (15th century) comes from the church of the hermits Sts Anthony and Paul. It is on view in the Central-Slovakian Museum at Banská Bystrica.

163
A bronze door from a wine-cellar of the Spiš castle is today the property of the Slovak Technological Museum at Košice. The door from 1580 is adorned with the three Graces

164
From the exhibition of Icons of the Šariš Museum at the Bardejov spa. Icon of St Michael the Archangel from the 16th century (with iconographic elements of the Russian tradition) comes from a little church that formerly stood at Rovné near Svidník.

165
Smrečany, detail of painting on the late-Gothic side altar, dated 1510. Scenes from St Elizabeth's life are proof of the masterly work of an unknown painter.

166
Rimavské Brezovo, a mural painting from the 14th century. In 1893 biblical motifs were uncovered and restored on the walls and the vault of a former presbytery of the church. Valuable Gothic mural paintings are also to be found in further churches in Gemer.

167
A vine-press from Sebechleby — now a museum object, yet viticultural traditions (dating from the 11th century) still persist to this day in Hont. The Hont zhupa achieved the peak of its viticultural prosperity around the year 1720.

168
Sebechleby — Stará Hora, vine-growers' cellars and houses from the 18th and 19th century. Some two hundred wine cellars have been cut aslant in the rock and houses built above them. However, many have lost of their original monument significance through annexes and rebuilding.

169
Vlkolínec, a village with protected folk architecture at an elevation of 700 m a.s.l. not far from Ružomberok, is accessible along a single narrow roadway. Practically all the timbered houses have been preserved in the village. A few old-settlers still stay there in the company of "cottagers" who have bought many of the houses for themselves, thereby preventing their running into ruins.

170
The Bardejov spa, an open-air museum of Šariš architecture is part of the Šariš Regional Museum. Its construction was begun in 1967 when the Orthodox church was moved here from Zboj (from 1766). The very first wooden church (from Kožuchovce) was moved in this country in 1925; it now stands in the courtyard of the East-Slovakian Museum at Košice. The picture shows a typical dwelling house and outhouses from lower Šariš (19th century).

171
Špania Dolina, a 19th century mining house is a jewel of our folk architecture. Similar houses — shared by two and more families — were to be found also at Kremnické Bane, Dolný Turček, Horná Štubňa and Banská Bystrica.

172
Ždiar, a dwelling house adjusted for tourist accommodation, was originally a typical Ždiar house of the so-called Polish (Goral) type. The courtyard ("obora") used to be flanked in on all sides with a timbered structure which met all the dwelling and farming functions. The Ždiar village counts some 2 000 inhabitants, but can accommodate at any one time over 3 000 tourists. Ždiar is a monument reserve of folk architecture.

173
Museum of the Slovak Village at Martin. The ethnographic exhibition in the open began to be set up in 1972 at the grove called Jahodnícke Háje as a part of the Ethnographic Museum — the Slovak National Museum, Martin. When completed, it is to be an all-Slovakia open-air museum of folk architecture with over 520 buildings, whereby Andrej Kmeť's and Dušan Jurkovič's dream will be fulfilled.

174
A three-storeyed folk house at Bartošova Lehôtka, restored in 1982 goes to show that a jewel of folk architecture can be preserved also within the confines of simple villages.

175, 176
Young women and a man in Goral costumes from upper Orava. The basic orienting division of Slovak folk costumes may be approximately determined according to 32 territorial groups. Not only respect for costumes, but also love of folk traditions find deep roots in ensembles which are now seeking their face under the complex new economic conditions.

177
The Museum of Folk Architecture of Orava at Brestová near Zuberec at the entrance to the Roháče mountains (1975) is but one of many regional open-air museums in Slovakia that already exist or are being put up (Nová Bystrica-Vychylovka, Pribylina, Stará Ľubovňa, Halič, and further are being planned).

178
Liptovské Revúce, an old Liptov wooden house with shingled roof in the midst of brick-built houses in the village is now a rarity, recalling the skilful hands and aesthetic feeling of the people who had no easy life here.

179
Remnants of an iron hammer-mill above Nižný Medzev. There is no more purpose for water to drive the waterwheel of the conduit. Aided by frost, ice, wind and sun, the tooth of time steadily gnaws away the days of once sturdy machinery.

180
Sirk-Červeňany, a 19th century blast furnace as an important monument recalls that even in 1870 there were still 54 such furnaces in Slovakia, the majority of them precisely in the Slovak Ore Mountains.

181
The old forest railway track near Čierny Balog represents a remnant of a transportation track for conveying timber. Steam in this country had a difficult beginning and a sad end; the first railway line here (already at the time of steam-driven trains) was a horse-drawn track Bratislava–Trnava–Sereď (1839–1846) The reason? — Horse fodder is cheaper than coal.

182
Fire of heaven and earth glowing above Slovnaft in Bratislava creates a picture which Bratislava did not know in the past. The new industrial giant processes crude oil since 1962, especially Soviet oil, into modern petrochemical products — Slovnaft is the biggest exporter of these products in Czecho-Slovakia.

183
The living beauty of steel from the Mechanical Engineering Plant at Považská Bystrica recalls rather a computer image than glowing wire at the moment of its birth.

184
Skalica, the first Slovak House of Culture from 1904–1905 represents a significant art nouveau building at Záhorie. The Building, originally designated as a Federal House, was projected by architect Dušan Jurkovič, but also Mikoláš Aleš and Joža Úprka, a painter of life of Moravian Slovacko, collaborated in its design.

185
Považská Bystrica, vitrage of the Community Centre by Róbert Dúbravec.

about 1411) with its prismatoid tower (1511–1517) with an onion-like roof (1758).

131
Bratislava, the portal of Marshal Leopold Pálffy's palace – a native of Vienna, the keeper of the Hungarian crown (1758) and the commander-in-chief of the Hungarian armies (1763). The three-storeyed, five-winged building of the palace with two courtyards dates from the 1st half of the 18th century, from the times of a feverish construction activity in Bratislava in the first years of Maria Theresia's ascent to the throne (1740–1780) who advantaged obedient, submissive nobles.

132
In the historical core of Bratislava. The Holy Saviour's church (1636–1638) and the prismatoid tower of the Old Town Hall from the 14th century are part of historical architectonic buildings of the capital of Slovakia.

133
Bratislava, the entrance hall with a balustrade at the Grassalkovich palace. Bayer's allegorical figures of sandstone – David, Solomon, Spring and Autumn – are from the end of the 19th century. Originally, a summer pavilion-type of palace was built on orders of the president of the Hungarian Chamber Anton Grassalkovich in the French garden in 1760.

134
Bratislava, English tapestries in the Primatial palace. Six pieces from the English Royal tapestry workshop at Mortlake from the 17th century are installed in the ceremonial halls on the first floor. They draw their topic from the ancient Greek legend about Hero and Leader. The collections of the Municipal Gallery of the Towor of Bratislava.

135
Bratislava, the so-called Pompei hall at the Old Town Hall (in the western wing) with a cradle vault (1583) has a rich ornamentation according to Pompeian and Herculean patterns by C. Engel; it dates from the year 1879. The hall and its furnishings form part of an extensive complex of rooms with collections of the Town Museum in Bratislava.

136
Bratislava, St Martin's Gothic three-nave cathedral (14th-15th century) with the presbytery, spire, three Gothic chapels and St John the Almoner's chapel.

137
The castle and St Martin's Cathedral, time-honoured symbols of the town on the Danube. Atop the pyramidal steeple is a gilt crown on a cushion – symbol of a coronation church in which Hungarian kings and queens from the Habsburg dynasty were crowned from the 16th until the 19th century.

138
Window of a house at Východná during the folklore festival which is held in this subtatran hamlet every year since 1953. Since 1979 the festival is a member of the International Organization of Folkloric Events near UNESCO.

139
Bobbin-lace making at Špania Dolina – as an organized activity in this erstwhile mining hamlet, it enjoys an over hundred years'old tradition. It has been resumed as a profit-making activity in some original centres in Slovakia by the Slovak Centre of folk art production.

140
A doll in the Myjava dress with rich lace ornaments according to costumes for adult women. Towards the end of the 19th century, the Magyar state in an effort to prevent social unrest in mining areas began to promote, since 1893, lace-making workshops in the original centres (Špania Dolina, Staré Hory, Hodruša, Kremnická Baňa). Thus "thanks to miners'unemployment" Slovak laces reached the whole world a whole century ago.

141
Pozdišovce, a maker of folk ceramic decorating large, up to 80 cm high vases with the typical Pozdišovce glazed ornamentation and colourfulness. Today, ceramic wares from Pozdišovce have predominantly a decorative function only, similarly as products of the even more famous majolics from Modra. Ceramic work is also pursued by numerous professionals all over Slovakia.

142
Trnava, Holíč faience from Parrák's collection is now in the possession of the West-Slovakian Museum. Parrak's collection, similarly as those of P. Blaho and H. Landsfeld, as the result of a life-long collecting activity, has saved numerous rare items particularly from ceramic, faience, majolica, etc., which are today admired by visitors to museums at Trnava, Skalica and elsewhere.

143
Tekov women in costumes at regional festivals. Folkloric festivities have always been a major popular celebration. For instance at Východná alone, 1200–1500 persons performed during three days in July before audiences of 60 to 80 thousand.

144
A man from Detva behind the stage of the folklore festivities below Poľana at Detva. These "Subpoľana" festivities are a regional review of folklore ensembles and soloists which maintain our folk traditions and attract spectators not only by their specific programmes, but also their representative costumes.

145
In front of the last preserved folk house at Štrba below the High Tatras. The mother-in-law adjusts the local folk dress on her daughter-in-law.

146
A Terchová musician from „Jánošík's Land". The Terchová quartet (often only a trio) is an archaic prototype of violin music. It is characterized by a full hard sound of combination, deriving from part of the playing on empty strings. The accompanying singing is in duet or trio, symply adorned, played in terces. Terchová fiddlers are always present when Slovak folk string music is being presented.

147
An eighty-five year old singer and a young woman from Terchová. Thanks to numerous folkloric festivities, folk song creation is also alive. It is handed down to further generations, enriched with new, contemporary elements.

148
Myjava, presenting old folk customs at folkloric festivities is evidence that also young people performing in these programmes have eminent interest in the message being handed down from their ancestors.

149
Čičmany, the Raden House, folk architecture. The house was built during reconstruction of the village (after the great fire of 1923) according to the original models. It is utilized for ethnographic exhibitions that document and present the culture of this picturesque Slovak village below Kľak.

150
Čičmany women during the turning of a television folkloric film. Folklore documentaristics is a permanent subject of film and television production over here; it thus contributes to popularize Slovak folklore at home and abroad, where it is highly appreciated thanks to performances by our professional groups (the Slovak Artistic Ensemble or SĽUK, Lúčnica, etc.).

151
Podbiel, Folk log-wood houses at Orava. At Podbiel, some 30 original timber dwelling houses have been preserved from the mid-19th and early 20th century, a part of which are let for a temporary stay to tourists and holiday-makers.

152
Šaľa, type of a south-Slovakian folk house with thatched roof and the date 1831 on the beam. The walls were made of rushes plaited about posts and faced on either side with a thick layer of clay. In the past century, similar houses used to be made also in the close environs of Nitra.

153
Koceľovce, door fittings of an originally Gothic portal of a one-nave church from the 1st half of the 14th century in which rare mural paintings from the end of the same century have been preserved.

154
Stará Halič, a wooden belfry near the church. It was erected by the miller J. Polóny in 1673 in the form of a truncated pyramid. It is roofed over with shingles and stands near the old Catholic church from 1350 which was renovated in 1904 and 1925.

155
A tombstone from Madačka, from the collection of the Ethnographic Museum – the Slovak National Museum at Martin. The tombsone (19th century) is a remarkable piece of folk stone-cutting work with relief-decoration. Similar tombstones existed also at Ábelová, Nedelišť, Horný Tisovník and Lišov.

156
The timber-structured church at Miroľa (district of Svidník) from 1770 is one of 27 protected wooden sacral buildings in Eastern Slovakia which, as a complex, are a national cultural monument.

157
Svätý Kríž – a wooden Evangelical church from the submerged village **Paludza.** It was constructed by the carpenter master J. Lang in 1773–1774. By ist area of 1 150 sq.m it is the largest of its type in Central

186

House of Culture and hotel Lux at Banská Bystrica constitute compositional dominants on the Square below the SNP Museum. The former was designed by J. Chrobák (realized in 1973—1979), the latter (302 beds) by D. Boháč (completed in 1966).

187

House of Art of the Slovak Philharmonic at Piešťany was open to the public in 1980. It has an auditorium for 620 spectators and an orchestra pit for 80 musicians. The building was projected by F. Milučký, the statue in front of the building (muses in stylized folk dress) is by the designer E. Venkov.

188

Bratislava, the Slovak National Gallery. The original Theresian building of the caserns is bridged over (at the place of a former fourth wing pulled down just beforehand) by a steel construction with a 54.5 meter-span, which permits a visual connection and opens to view the historical building from the Danube quay. The resulting architectonic solution of the annex by V. Dedeček (carried out in 1967—1969) is but a fragment of the original design of the project which dealt with the task in an overall complex manner up to the hotels Devín and Carlton.

189

Martin, detail of the third building of the Slovak Foundation at Hostihora set up in 1964—1975 according to the project by D. Kuzma in collaboration with A. Cimmarmann. The highrise of the new dominant of Martin's silhouette was realized by the system of reinforced concrete ceilings raised alongside the monolith core.

190

Interior of the Grand Hall of the Trade Unions House in Bratislava constitutes the principal room for cultural-social events (seating 1280). This architectonically sober building, faced with Cuban marble, was projected as the 2nd part of the entire complex, by F. Končak and Ľ. Titl. Realized in 1977—1980.

191

Hotel Jalta and sanatorium Krym at Trenčianske Teplice form a new modern centre of the second best-known spa in Slovakia. Sanatorium Krym with a capacity od 250 beds in the accommodation section was projected by M. Šavlík, hotel Jalta with 180 beds by V. Fašang.

192

The Dudince spa, the former convalescent home "Red Star" (open in August 1982) is a building of the same type as its counterpart at Piešťany (projected by J. Poničan). This very prospective youngest spa in Slovakia with curative waters among the most efficient in Europe, is steadily and fast expanding with new santoria.

193

Piešťany, sanatorium Balnea Esplanade by V. Uhliarik and C. Tursunov was completed in 1980. With a capacity of 520 beds, it is but one of the buildings forming the entire Balneocenter (a total of 1280 beds) on the spa island. The balneocenter is the most extensive balneotherapeutic complex in Slovakia. The world-renowned spa at Piešťany is frequented by patients from all over the world.

194

Turčianske Teplice, the Blue Bath and Veľká Fatra. The sanatorium with balneotherapy and the pool "Blue Bath" and older buildings permit to treat 500 patients with 1600 procedures daily. Veľká Fatra (164 beds) was put up in 1976—1984 according to the project by J. Vítek. Also thanks to this sanatorium, the number of beds in spas in Slovakia has nearly trebled since 1949.

195

Sanatorium Ozón at the Bardejov spa with a capacity of 200 beds, put up according to the project by J. Schuster in 1970—1976. The architecture combining travertine, concrete and glass walls (windows) in aluminium frames impresses, by the side of the famous colonnade and older and new sanatoria, as a striking element of the overall spa panorma.

196

Hospital with a policlinic at Banská Bystrica. This health complex was constructed in 1966—1981 according to projects by Š. Imrich. The central buildings with the hospital sector in the shape of the letter H (Hospital) have 1108 beds. The complex provides basic health services to 50—60 000 inhabitants and highly specialized services to over half a million inhabitants of the entire Central Slovakia. The statuary in front of the hospital is by Pavol Tóth.

197

Žilina, building of the Steel Constructions Concern is but one of hundreds of the concern's buildings. During the past 40 years 26 designing organizations and over 1200 architects who graduated after 1945 took part in the construction of administrative buildings, those of

the tertial sphere (the department stores Prior, Jednota), schools, sports facilities and all types of buildings in Slovakia.

198

Hospital with a policlinic at Galanta constitutes a material dominant in this district town with approximately 13 000 inhabitants. It was built in 1964—1980 according to the project by M. Šavlík. An even bigger hospital with a policlinic is that in the nearby town Nové Zámky (with a capacity of 1 350 beds), constructed in 1969—1982 according to the project by R. Pastor.

199

An administrative building in the centre of Považská Bystrica with a characteristic grand hall in the shape of a truncated cone creates a dominant of an architectonically and urbanistically charming square of this industrial district town with over 20 000 inhabitants. The building, was put up in 1958—1970 according to projects by J. Meliš and S. Ďuriš.

200

Prefabricated housing construction at Prievidza and its contrast in nearby Handlová recalls the complicated postwar development in the urbanistic conception of housing construction. The urbanistic problem from Nová Dubnica (beginning of construction 1953) up to Petržalka in Bratislava (since 1979) is the object of lively interest on the part of the entire society.

201

The fountain on the Peace Square at Lučenec gives a finishing touch to the central space of a modern town. Through a reconstruction of plants and construction of new ones and through an extensive housing construction (half of all houses) after 1945 helped Lučenec to grow to a town with 25 thousand inhabitants.

202

The Jonáš Záborský Theatre at Prešov, in the centre of the town, with 600 seats in the theatre hall and further multi-purpose halls was put into operation on September 14, 1990. Project by architects F. Jesenko, F. Zbuško and L. Domén.

203

Nitra, part of buildings of the College of Agriculture, completed in 1961 according to projects by D. Dedeček and R. Miňovský. Some 5 000 undergraduates are preparing for their profession at three faculties in regular day-time and part-time courses.

204

Hospital with a paediatric clinic at Košice. Despite the complex nature of setting up a functional health architecture for hospitals and policlinics of type III (for 1 to 1.5 million inhabitants), of type II (for 150 to 200 thousand inhabitants) and type I (for 40 to 50 thousand inhabitants), up to one or two-ward health centres, provision of an extensive health care for the population at large is a matter of course.

205

Bratislava, the administrative building of INCHEBA within the complex of exhibition buildings. During the first stage (from 1978), a total of 20 000 sq.m of exhibition floor was built up, along with the administrative highrise, a hotel with 650 beds, a multi-purpose congress hall for 2 500 participants, etc. The author of the concept is architect V. Dedeček. During the course of the 2nd and 3rd stage, the concept is to be enlarged with 65 000 sq.m of exhibition floor space, a passenger quay on the Danube and further facilities.

206

Bratislava, the television transmitter atop Kamzík hill was designed by S. Májek, J. Tomášek, J. Kozák, M. Jurica and J. Privitzer. The central Slovak transmitter at an elevation of 506 m a.s.l. has a viewing café with a rotating floor for 80 visitors at a height of about 78 m above the ground. The construction was completed in 1967—1969 at a cost of 120 million Kčs.

207

The Faculty of Building of the Slovak Technological University in Bratislava by its highrise is one of those on which the first practical tests were made with new technologies. The faculty with a utility floor space of 31 000 sq. m. was put up in 1964—1972 according to projects by O. Černý.

208

Old Bratislava and built-up Petržalka from Slavín. Since 1976 an extensive housing construction has been going on also on the right bank of the Danube where a 158-thousand housing area is to stand. After the housing estates Petržalka-Lúky and Háje, an extensive complex is being put up at Dvory (for 20 000 inhabitants) on the site of the old Petržalka now pulled down. The ward Dvory VI reckoned with 1 375 dwellings predominantly in 11-storeyed highrises for 4 682 inhabitants (up to 408 inhabitants per 1 ha).

209

An overlapping of old and new Bratislava as an economic, administrative and cultural centre of Slovakia has been marked by the most hectic promotion of building activity. Since 1945 not only extensive new housing estates have grown up here, but also over a hundred important buildings for education, culture, health, services, radio, film and television, foreign trade, industry and polygraphy, as well as for water-borne, road, air and railway transportation, have been constructed.

210

The building of the Slovak radio in Bratislava was completed in 1985. The exacting steel construction of a reversed pyramid hung on a reinforced concrete core makes most of the available space in the proximate vicinity of two important communication knots in the newer part of the town's centre. The atypical building was designed by Š. Svetko, Š. Ďurkovič and S. Kissling at the State Research-Designing and Standardizing Institute in Bratislava.

211

Bratislava, the State Central Archives of the Slovak republic was constructed as the first utility building of this type at the cost of 70 million Kčs in 1976–1983 according to a project by V. Dedeček. This monumental architecture creates a new dominant in Bratislava atop Holý Vrch (Machnáč) where there is already a new amphitheatre with extensive housing construction; foreseen was also a College of fine arts and further facilities.

212

A universal operations building at Bratislava-Petržalka is set in the future southern centre of complexes of buildings of the principal class. Two highrise block for 1 200 administrative workers ware completed by the firm Hydrostav Bratislava in 1980–1990. The author of the project is Rudolf Masný.

213

Bratislava, the SNP Bridge and the Danube in a bird's eye view. The pylon construction symbolizes new prospects and dynamics in the advance of architectonic projects and its constructive design has also become a model for architects abroad. The authors of the project are J. Lacko, L. Kašnír and I. Slameň and those of the construction section A. Tesár, E. Hladký and P. Dutko. The bridge was put into operation in 1972.

214

Spišská Belá, in Jozef M. Petzval's native house. The J. M. Petzval Museum (a branch of the Slovak Museum of Technology Košice) recalls the life and work of our outstanding mathematician, physicist, university professor, inventor and co-founder of modern photography technology and optics. He lived in 1807–1891, – died in Vienna.

215

Borský Mikuláš, a commemorative inscription on poet Ján Hollý's native house (1785–1849). Hollý was the most eminent poet writing in the Bernolák language. He joined the movements for the Slovak national revival; he was admired by Štúr's young followers.

216

Uhrovec, Ľudovít Štúr's native house – he was the leading personality of the Slovak national revival in the 1st half of the 19th century. Ľudovít Štúr, codifier of literary Slovak, ideologist, philosopher, historian, linguist, poet, writer, publicist, teacher, politician and editor lived in 1815–1856. He died at Modra (where today there is a Museum bearing his name).

217

Dolný Kubín, a monument to native Janko Matuška (1821–1877). He worked as tutor, government adjunct, official, was a patriot active in literature and culture, and in the public social domain. In March 1844 he composed the national anthem Nad Tatrou sa blýska (Lightnings Flash Over the Tatras). In 1843 he gave unreserved praise to Ľudovít Štúr calling him the "Helmsman of the Nation's Raft"

218

Monument to Ďurko Langsfeld at the site of his execution at Kremnica. A teacher, native of Sučany (1825). In May 1849, with his squad he attacked a detachment of Hungarian soldiers. In June of that year he was captured by the Honvéds who condemned him to death and hanged him.

219

Hnúšťa-Likier, monument to native Ján Francisci (1822–1905). He was one of the most eminent personalities of the Slovak national movement in the 19th century. As an advocate of armed resistance against the Pest government, he was condemned to death in 1848 (the sentence was mitigated to three years of prison). In 1861 he was the organizer and chairman of the Slovak National Assembly at Martin.

220

Banská Bystrica, commemorative tablet to Štefan Moyses. He was the first chairman of the Slovak Foundation. In 1861 he led the Slovak delegation that handed over to the ruler in Vienna the Memoranda of the Slovak Nation and a Project "Privilegia" for granting equal rights to the Slovak nation in Hungary (1796 Veselé – 1869 Žiar nad Hronom).

221

Detail of Andrej Kmeť's tombstone at the National Cemetery at Martin recalls the organizer of Slovak scientific life. He endeavoured economically to uplift the people, was a pioneer in setting up the Slovak Museum Society (1895), and was its chairman until his death (1908). (1841 Bzenica – 1908 Martin)

222

Commemorative medal of Jozef Dekret-Matejovie (1774–1841), the most eminent personality in Slovak 19th century forestry. He was a pioneer of modern forestry economy and agriculture.

223

Dolný Kubín, from the interior of the Pavol Országh-Hviezdoslav Exhibition – a lawyer and one of the greatest personalities of earlier Slovak literature. He spent all his life at Orava (1849–1921). Literarily he took contact with Šturan poetry of national revival and Ján Holly's Slavonic idea. Alongside his own creative work he pursued translation of peak works of world literature. Towards the end of his life he became a Deputy of the Revolutionary National Assembly in Prague (1919–1920), but was also a critic, aiming by his literary work into the ranks of the bourgeoisie.

224

Jasenová, Martin Kukučín's native house. This writer's work (real name Matej Bencúr, M. D., 1860–1928), by its ideologico-artistic conception, forms part of the highest values of Slovak realistic literature. He penetrated deep into the question of the meaning of human life and social relationships. He spent over 30 years of his life abroad (Yugoslavia, South America).

225

Bratislava-Airport, monument to Štefan Banič the inventor of spring parachute (patented in the USA in 1914). He was an honorary member of the USA Air Force. He had migrated to the USA at the age of 37, worked as an agricultural worker in Pennsylvania. In 1932 he returned to Smolenice where he worked as an ordinary mason. (Smolenice 1870–1941).

226

Jozef Murgaš's native house at Tajov near Banská Bystrica. He is the inventor of radiotelegraphy. Murgaš (1864–1929) studied theology, then graduated with distinction from the Academy of Fine Arts in Munich and finally migrated to the USA where he worked as parish priest at a Slovak mining settlement. In 1904 he obtained his first patent in the USA (Murgaš tone-system). In 1921 he came back to Czecho-Slovakia where he vainly attempted to get a professor's post at the ČVUT in Prague. He went back to the USA where he obtained 7 further patents in the domain of radiotelegraphy. Photocopies of Murgaš's patents are deposited with the National Museum of Technology in Prague.

227

Samuel Jurkovič, founder of cooperative credit enterprise. He founded the first credit financial cooperative in Europe. The Farmers'Union at Sobotište (1845) became a model for many further co-operative enterprising activities. Jurkovič (1796–1873) was a member of the Slovak National Council (1848–1849) and co-author of the so-called Nitra Demand of the Slovak nation.

228

Andrej Hlinka, native of Ružomberok-Černová (1864–1938). A Roman-Catholic priest, condemned, acknowledged and admired, an uncompromising leader of the Slovak nation, imprisoned by the Hungarians and the Czechs, the most prominent prewar politician, a fighter for Slovak autonomy and independence.

229

Aurel Stodola on a commemorative medal of the Slovak Academy of Sciences which is awarded for merits in technological sciences. Dr. Ing. Univers. Professor Aurel Stodola (1859 – Liptovský Mikuláš, 1942 – Zürich), an eminent scholar of Slovak origin, laid the foundations to the design and construction of steam and combustion turbines. In collaboration with the surgeon F. Sauerbruch he constructed alreay in 1915 a mobile artificial (so-called Stodola's) hand. He gained recognition in the whole world.

230

Ružomberok, interior of the Ľudovít Fulla Gallery, (1902–1980) a painter, graphic artist, illustrator, national artist, whose avant-garde creation has been appreciated by the society in setting up a gallery during his lifetime (1969). He made a striking entry into European modernism with his picture Song and Work (Grand Prix at the World Fair in Paris in 1937). He preserved a leading influence on the formation of Slovak creative life throughout his life.

231
Tombstone to Mikuláš Galanda at the National Cemetery at Martin. The funeral of Karol Kuzmány in 1866 which had the character of a political demonstration of an oppressed nation, became the stimulus for setting up a National Cemetery, today a national cultural monument. One of the 60 outstanding personalities of the Slovak cultural and social life who have been laid to rest here for the past 120 years, is also the painter, graphic artist and illustrator Mikuláš Galanda (1895—1938).

232
Slavošovce — recollection of Pavol Dobšinský (1828 Slavošovce — 1885 Drienčany). Evangelical parson, an active member of the Youth Union of Slovakia, was active as an organizer, poet, editor (journals, family magazine, collections of Slovak national songs) and collector of folk songs and tales. His paramount life work are the Slovak Folk Legends (1880—1883), the most comprehensive collection of popular tales that form the fundamental gems of Slovak literature.

233
Martin Benka, ''Resistance'', oil painting (1942) symbolizes the life and character of the nation with its yearning after freedom and cultural development. National Artist Martin Benka (1888—1971), a painter, graphic artist and illustrator represents the climax in the tradition of national revival in our fine arts, and is the author of the principal signs of a nation-oriented modern Slovak creative expression.

234
Play with time in the drops of the Brezno fountain recalls childhood to many of us; uncertain games, indefinite notions about what is to come, what we wish and what we shall be, for life is unique, never to be repeated. And since it is impossible to step in twice into the same river and touch the same drop of water, one must ultimately in one decisive moment take one's right place in the stream of life.

BILDBESCHRIFTUNG

Die Regionen Slovenský raj (Slowakisches Paradies), Spišské vrchy (Zipser Bergland) und ein Teil des Gebirges Slovenské rudohorie (Slowakisches Erzgebirge), betrachtet vom Gipfel Kráľova hoľa
(doppelte Titelseite)

1
Die Mündung der March in die Donau von der Burg Devín aus. Auf der Erhebung über dem Zusammenfluß beider Flüsse wurde schon vor dem 13. Jahrhundert eine kleine Burg erbaut, die die wichtige Wegkreuzung und die Furt durch die March schützte. In der Zeit der nationalen Wiedergeburt des slowakischen Volkes wurden die Ruinen der Burg für die Anhänger und Mitkämpfer Ľudovít Štúrs zu einem Symbol des verflossenen Ruhms unserer Vorfahren. Das Objekt der Burg ist ein nationales Kulturdenkmal.

2
Die prähistorische Venus aus Moravany nad Váhom stammt aus der älteren Steinzeit und ist der älteste Beleg einer künstlerischen Äußerung in der Slowakei. Die Statuette aus Mammutelfenbein in der Größe einer durchschnittlichen Getreideähre befindet sich in der Schatzkammer des Slowakischen Nationalmuseums auf der Burg Bratislava.

3
Die Hockerskelette aus dem Vierergrab in Barca bei Košice, wo eine einzigartige Grabstätte (über 100 Gräber) vom Beginn der Bronzezeit aufgefunden wurde. Das Skelett einer Mutter mit Kind ist im Ostslowakischen Museum in Košice deponiert.

4
Ein Relief aus dem Ausgrabungen der römischen Militärstation Gerulata in Rusovce auf einer polychromierten Sandsteinplatte vom Ende der ersten Hälfte des 2. Jahrhunderts n.u.Z. stellt den Mythos von Daidalos und Ikaros dar. Die Aufnahme zeigt das Relief zusammen mit einem derzeitigen idealisierten Abguß.

5
Rituelle Grabhügelkeramik aus Nové Košariská und Dunajská Lužná in der archäologischen Exposition des Slowakischen Nationalmuseums auf der Burg Bratislava.

6
Keltische Biatec-Münzen aus dem Gebiet von Bratislava in der Schatzkammer des Slowakischen Nationalmuseums erinnern daran, daß in der Südwestslowakei vom keltischen Stamm der Bojer vierzehn Silbermünzenschätze aus der ersten Hälfte des 1. Jahrhunderts v.u.Z. gefunden wurden.

7
Ein feudales Magnatenanwesen in Ducové-Kostolec mit einem Flächenumfang von etwa einem halben Hektar im nordwestlichen Teil der Stadt Piešťany. Es ist eine Rekonstruktion einer großmährischen Höhenwohnstätte mit einem Fortifikationscharakter aus der zweiten Hälfte des 9. Jahrhunderts.

8
Die Fundamente einer großmährischen Basilika auf der Burg Bratislava aus der zweiten Hälfte des 9. Jahrhunderts sind eine denkmalartige Darstellung eines archäologischen Fundes des größten, bisher aufgefundenen Sakralgebäudes in der Slowakei.

9
Ein großmährisches Motiv als Verzierung auf dem Eingangstor des Museums in Nitra mit symbolischen Gestalten, ein Werk der Bildhauerin Ľudmila Cvengrošová. Sie erinnern an den Ruhm Nitras aus der Zeit des Großmährischen Reiches.

10
Der Goldschatz von Košice im Ostslowakischen Museum hat vom Blickpunkt unserer und der europäischen Numismatik große Bedeutung. Der Schatz wurde im J. 1935 im sog. Rákoczi-Haus aufgefunden. Er besteht aus 2 920 Münzen, 3 Medaillen und einer Kette (insgesamt fast 11 kg Gold), die aus dem 15.–17. Jahrhundert stammen.

11
Der Mikluš-Kerker, das Haus des letzten Henkers von Košice. In den ursprünglich gotischen, später umgebauten Gebäuden befand sich fast 300 Jahre lang (bis zum J. 1909) ein Gefängnis.

12
Die Prügelbank – ein Instrument der repressiven Erziehung. Sie war im Verein mit den Gefängnissen nicht nur für gewöhnliche Verbrecher bestimmt, sondern auch für viele Patrioten und Verteidiger der sozialen, nationalen und politischen Rechte.

13
Jánošík mit seinen Gesellen, ein Gobelin von Šára und Janko Alexy, aus den Sammlungen der Slowakischen Nationalgalerie, fast vier Meter hoch. Die Jánošík-Tradition des antifeudalen Widerstandskampfes des slowakischen Volkes ist auch heute noch eine Quelle der Inspiration unserer Kunst.

14
Die Exposition des Jánošík-Gefängnisses im Schloß Vranovo wurde im J. 1982 durch das Janko-Kráľ-Museum in Liptovský Mikuláš der Öffentlichkeit zugänglich gemacht. Juraj Jánošík (geb. 1688 in Terchová) wurde nach seiner Gefangennahme im März 1713 im Schloß Vranovo eingekerkert und als Räuber durch Aufhängen an einer Rippe in Liptovský Mikuláš hingerichtet.

15
Das Denkmal an den Ostslowakischen Bauernaufstand in Haniska. Im Sommer 1831 empörten sich in 150 Gemeinden der Ostslowakei über 40 000 Bauern gegen die grausame Unterdrückung und Ausbeutung durch den Adel, worauf eine schreckliche Hungersnot eintrat. Die aufständischen Bauern wurden auch durch die revolutionären Ereignisse in Frankreich und im benachbarten Polen inspiriert. Der Aufstand wurde blutig unterdrückt – 119 Teilnehmer an der Empörung wurden gehenkt und 4 000 Leibeigene wurden zu Kerker und Prügelstrafen verurteilt. Das Monument, ein nationales Kulturdenkmal, wurde im J. 1938 von J. Pospíšil geschaffen.

16
Der Einband der ersten Statuten der Matica slovenská in Martin, des ersten gesamtnationalen slowakischen Vereins, verziert mit Korallenstickerei von Anna Francisci, der Gemahlin des Vorsitzenden des vorbereitenden Ausschusses zur Ausarbeitung des „Memorandums der slowakischen Nation", gestaltet nach einem Entwurf des Malers J. B. Klemens. In diesem Programmdokument der slowakischen nationalen Forderungen an das ungarische Parlament aus dem J. 1861 wurde die Anerkennung der Eigenständigkeit der slowakischen Nation und die Gleichberechtigung der slowakischen Sprache in Ungarn gefordert.

17
Das Museum der Slowakischen Nationalräte in Myjava ist ein nationales Kulturdenkmal. Hier residierte in den J. 1848–49 im Kolényischen Haus der Hauptstab der slowakischen Aufständischen und die erste slowakische Regierung – der Slowakische Nationalrat.

18
Brezová pod Bradlom, das Grabmal Milan Rastislav Štefániks auf dem Hügel Bradlo, des Mitbegründers des tschechoslowakischen Staates im J. 1918. Als er am 4. Mai 1919 aus Italien mit einem Militärflugzeug vom Typ Caproni nach Bratislava zurückkehrte, stürzte der Doppeldecker kurz vor der Landung auf ungeklärte Weise bei der Ortschaft Vajnory ab und Štefánik mit seiner Begleitung kam dabei ums Leben. Das Grabmal, erbaut in den J. 1927–1928, ist das Werk des Nationalkünstlers Arch. Dušan Jurkovič.

19
Die Exposition des Rastelbinderwesens im Považské-Museum in Žilina. Sie zeigt das schwere Leben und die harte Arbeit, aber auch die Begabung einfacher slowakischer Menschen, die die bittere Not und die nationale Bedrückung massenweise aus der Heimat in die Fremde trieb. Allein in den J. 1871–1914 wanderten 700 000 Personen aus der Slowakei aus und in den J. 1920–1938 waren es weitere 220 000 Personen.

20
Ružomberok, das Denkmal der Opfer des Blutbades in Černová (27. 10. 1907) beim Konflikt bei der Einweihung einer Kirche durch Pfarrer Andrej Hlinka, dem der madjarische Bischof Párvy wegen seiner Teilnahme an der slowakischen nationalen Bewegung das Recht zur Ausübung seiner priesterlichen Funktionen entzog. Als madjarische Priester die Kirche mit Gewalt einweihen wollten, machten die Gendarmen Gebrauch von der Schußwaffe und erschossen 14 Personen, 10 wurden schwer und 60 leichter verletzt. Weitere Personen, Männer und Frauen, wurden zu mehr als insgesamt 36 Jahren Kerker verurteilt.

21

Kalište, eine Gemeinde, die im Slowakischen Nationalaufstand von 1944—45 von den Faschisten niedergebrannt wurde. In der Slowakei wurden in zweiten Weltkrieg über 60 Gemeinden niedergebrannt, zu ihnen gehörte auch die Gemeinde Kalište. Da ihre Einwohner die Partisanen unterstützten, brannten die Faschisten die Gemeinde nieder und ermordeten 13 Einwohner. Das pietätvoll hergerichtete Areal der vernichteten Gemeinde wurde 1963 zur nationalen Gedenkstätte erklärt.

22

Das Museum des Slowakischen Nationalaufstandes in Banská Bystrica, gegründet im J. 1955. Das Gebäude der Gedenkstätte ist ein Werk von Ing. Arch. D. Kuzma. Es ist der Sitz des Museums des Slowakischen Nationalaufstandes, dessen Expositionen im J. 1969 der Öffentlichkeit zugänglich gemacht und die in den J. 1984—1990 von neuem installiert wurden. Im Hintergrund der Aufnahme befindet sich eine Bastei, ein Überbleibsel der mittelalterlichen Fortifikationen der Stadt.

23

Der Panzerzug „Štefánik" der Aufständischen beim Schloß Zvolen ist einer der drei Panzerzüge, die von den Eisenbahnern in Zvolen zur Unterstützung des Slowakischen Nationalaufstandes erbaut wurden. Die Besatzung des Panzerzuges (70 Mann) nahm an mehreren Kampfeinsätzen teil.

24

Detail des Mahnmals an die Karpaten-Dukla-Operation (8. 9.—28. 10. 1944) im Sattel von Svidník, die zur Unterstützung des Slowakischen Nationalaufstandes unternommen wurde. Auf dem hiesigen Nationalen Friedhof sind 563 tschechische und slowakische und in Svidník über 9 000 sowjetische Soldaten begraben.

25

Die Dekoration des Interieurs des „Hauses des Regierungsprogramms von Košice". Im Saal dieses Hauses wurde am 5. April 1945 auf einer feierlichen Sitzung der tschechoslowakischen Regierung und des Slowakischen Nationalrates das Programm der ersten Nachkriegsregierung der Nationalen Front der Tschechen und Slowaken gebilligt, in dem die Aufgaben und Ziele der nationalen und demokratischen Revolution in der Tschechoslowakei festgelegt wurden. In der Praxis wurde dieses Regierungsprogramm jedoch nicht verwirklicht.

26

Das Drama eines Baumes, ein Drama des Lebens. In den slowakischen Wäldern hört man schon lange keine Schüsse mehr, doch hier und da findet man noch verrostete Waffen, es erdröhnt ein Donnerschlag und der Blitz zersplittert einen stattlichen Baumriesen.

27

Das Grab des Unbekannten Soldaten in Liptovský Mikuláš im Soldatenfriedhof auf dem Hügel Háj. In den Kämpfen um die Stadt, die zwei Monate dauerten, fielen 1 400 Kämpfer der tschechoslowakischen und sowjetischen Einheiten. Die Namen vieler von ihnen werden wohl für immer unbekannt bleiben.

28

Bratislava-Slavín, die Gedenkstätte der sowjetischen Soldaten, gehört zu den markanten Dominanten des Panoramas von Bratislava. Auf dem Hügel Slavín sind 6 845 sowjetische Soldaten begraben, die bei der Befreiung der Stadt Bratislava fielen. Die Gedenkstätte wurde in den J. 1960—1965 nach einem Projekt von J. Svetlík erbaut; die künstlerische Dekoration schufen die Bildhauer T. Bartfay, D. Castiglione, J. Krén, J. Kulich, J. Kostka, L. Snopek und R. Pribiš. Das Areal der Gedenkstätte ist ein nationales Kulturdenkmal.

29

Die doppelten Stacheldrahtverhaue auch an der österreichisch-slowakischen Grenze waren bis zum Dezember 1989 ein Beweis des militärisch geteilten Europas. Der Ruhm für die Sieger im Krieg und die sonderbare Umzäunung für die Befreiten waren zwei Seiten ein und derselben politischen Münze.

30

Der „Saal der Föderation" auf der Burg Bratislava war am 28. Oktober 1968 der Schauplatz eines wichtigen staatspolitischen Aktes — der Unterzeichnung des Gesetzes über die tschecho-slowakische Föderation. Mit dieser staatsrechtlichen Regelung trat die Tschechoslowakei in eine neue Etappe ihrer Entwicklung ein.

31

Die Burg Bratislava vom nördlichen Schloßhof aus. Im J. 1811 brannte die Burg ab und verfiel seither (man nannte sie den „umgekehrten Stuhl Maria Theresias"). Neuen Ruhm erlebte die Burg erst nach dem zweiten Weltkrieg; nach ihrer Rekonstruktion dient sie seit 1982 zu Repräsentationszwecken des Slowakischen Nationalrates und ist auch Sitz des Historischen Museums des Slowakischen Nationalmuseums. Die Burg ist ein nationales Kulturdenkmal.

32

Ein Buchenwald auf den Abhängen der Weißen Karpaten. Ein Beispiel für den Waldreichtum der Slowakei, denn Wald bedeckt an die 38 % der Fläche der Slowakei. Die intensive Waldnutzung wird durch Fürsorge und Vergrößerung der Waldbestände ausgeglichen.

33

Die Umgebung der Ortschaft Gašparová in den Kleinen Karpaten ist ein idealer Ort für minder anspruchsvolle Touristen, die mit Vorliebe Erholung in sonnigen Tälern mit Laubwäldern aufsuchen.

34

Eine Straße und Baumallee bei Neverice zwischen Nitra und Zlaté Moravce in einer stimmungsvollen Atmosphäre.

35, 36

Mehrschichtige Sinterseerosen in der Tropfsteinhöhle Demänovská jaskyňa Slobody. Der Karstreichtum der Slowakei gehört zu den größten in der Welt. Die kleine Slowakei rühmt sich mit mehr als 150 Höhlen auf einem fast 3 000 km² großen Karstgebiet. Erschlossen sind bisher 12 Höhlen, manche von ihnen, z.B. die im Tal Demänovská dolina, sind weltbekannt.

37

Vorabendstimmung im Turiec-Gebiet, einer markanten geographisch-historischen Region in der Mittelslowakei. Das Gebiet Turiec hat sich bedeutsam in unsere nationale Geschichte eingetragen; als administrativer Komplex, als Komitat Turiec, hat es im J. 1922 aufgehört zu bestehen, doch sein Name lebt weiter (Turiec-Becken u.a.).

38

Liptovská Mara, die Landschaft rings um einen Teil des Wasserkraftwerks. Der Stausee dient energetischen Zwecken und ist mit seinen 320,5 Millionen m³ Wasser das größte Staubecken in der Slowakei. Er ist ein wichtiges Wasserwerk im System der 15 Kaskaden im Fluß Váh. Mit einer überfluteten Fläche von 27 km² gehört er nach dem Orava-Staubecken und dem Stausee Zemplínska šírava zu den größten Wasserwerken in der Slowakei. Zusammen mit den Orava-Staubecken ermöglicht er die Regulation des Wasserstandes im Fluß Váh von Bešeňová im Norden bis Komárno im Süden der Slowakei.

39

Der Berg Bezovec im Panorama des Gebirges Považský Inovec, einer Gebirgslandschaft mit einer Fläche von etwa 600 km². Mit seinem Gipfel überragt das Gebirge um weniges die Höhe von 1 000 m. Die Schneedecke im Winter dauert 60—80 Tage, Sommertage gibt es hier gewöhnlich 50—100 im Jahr. Die reizvolle Landschaft ist deshalb ein beliebter Ort für Sommer- und Wintertouristik in der Westslowakei.

40

Die Hohe Tatra und die Belaer Tatra vom Grat der Niederen Tatra aus betrachtet, mit dem imposanten Panorama ihrer Gipfel (von links nach rechts): Vysoká (2 560 m), Končistá (2 535 m), Gerlachovský štít (2 655 m), Bradavica (2 476 m), Javorový štít (2 418 m), Slavkovský štít (2 452 m), Ľadový štít (2 628 m), Lomnický štít (2 632 m), Kežmarský štít (2 558 m) und ein Teil der Belaer Tatra.

41

Die Slanicaer Insel inmitten des Orava-Stausees im Sommer. Unser „nördliches Meer" entstand durch den Bau des ersten Wasserkraftwerks nach dem zweiten Weltkrieg in der Slowakei, das im J. 1953 in Betrieb genommen wurde. Das Wasser bedeckt eine Fläche von 35,2 km², wobei vier große Gemeinden überflutet wurden. Von der Gemeinde Slanica blieb nur eine Insel übrig, der Gipfel des Hügels mit dem Kirchlein. Bei der Besichtigung der Insel kann man ein Museum der volkstümlichen Gemälde und Plastiken besuchen. Der Orava-Stausee ist ein beliebter Ort für Wassersport.

42

Vorabend auf dem Stausee Veľká Domaša, der in den J. 1962—1967 auf dem Fluß Ondava erbaut wurde. Das Wasserbecken mit einer Fläche von 15,1 km² ist ein Reservoir für Nutzwasser und trägt erheblich auch zum Schutz der Ostslowakischen Tiefebene vor Überschwemmungen bei. Mit seiner reizenden Umgebung zieht es viele Erholungsuchende und Sportler an.

43

Auf den Baggerseen von Senec bei Bratislava, ihre Wasserfläche beträgt fast 80 Hektar. Sie sind aus Schotterförderungsgruben durch Aufdeckung des Horizontes der unterirdischen Gewässer der Donautiefebene entstanden. Die Seen bieten die Möglichkeit zum Baden, zum Wassersport und zum Fischfang. Sie sind von Wochenendhütten umgeben und dienen als wichtiges Erholungshinterland der slowakischen Hauptstadt Bratislava.

44

Eine Erinnerung an die Gemeinde Liptovská Mara, die vom Wasser des gleichnamigen Stausees überflutet wurde, ist nur noch der Kirchturm der ehemaligen Gemeinde. Beim Bau des Stausees in den J. 1969—1975 wurden elf Gemeinden mit über 4 000 Einwohnern ausgesiedelt und überflutet. Die riesige Wasserfläche hat das Gesicht der Landschaft unterhalb der Stadt Liptovský Mikuláš wesentlich verändert. Sie wurde zu einem vielbesuchten Ort der Erholung, des Wassersports und des Fischfangs.

45

Im Areal für Wassersport bei Liptovský Mikuláš wurde durch Ablenken eines Teils des Wassers des Flusses Váh in einen künstlichen Kanal (mit veränderbarer Wasserströmung und Durchflußmenge) ideale Training- -und Wettkampfbedingungen für Kajak- und Kanusportler geschaffen. Auch ausländische Sportler bezeichnen dieses Areal als eines der besten in der Welt.

46

Der Hauptstrom der Donau vor dem Überflutung des Gebietes beim Bau des Wasserkraftwerkes Gabčíkovo. Der Staudamm und die Durch- flußsysteme werden die Durchfahrt großer Schiffe auf der Donau an dieser Stelle erheblich verbessern, wo die Donauschiffahrt an den Flußfurten an der slowakisch-ungarischen Grenze nur schwer instand gehalten werden kann. Das Wasserkraftwerk wird auch die Bilanz der ökologisch reinen Stromerzeugung in der Slowakei markant verbes- sern.

47

Lúčky, beim Baden unter den Travertinkaskaden des Flüßchens Teplan- ka. In der Gemarkung der Gemeinde gibt es gipserdige Sauerbrunnen und im Ort selbst ein Kurhaus zur Behandlung von Frauenkrankheiten.

48

Auch dank ihrer lieblichen Umgebung gehören die Thermalbäder in Kováčová bei Zvolen zu den beliebtesten Kurorten bei uns. In der Slowakei gibt es etwa 20 Gebiete mit Thermalwässern, die eine Temperatur von 40 bis 180 °C aufweisen. Die perspektivste Region ist die zentrale Depression des Donaubeckens, wo man die Thermalwässer vornehmlich zu Freibädern nutzt (Dunajská Streda, Čalovo, Patince und Štúrovo).

49

Die Spitze Volovec Mengusovský vom Bach Mengusovský potok aus. Sie trennt das Becken Hincova kotlina (mit dem größten und tiefsten Tatrasee auf der slowakischen Seite) vom Becken Kotlina Žabích plies.

50

Die Hohe Tatra, der Symbolische Friedhof am Fuß der Spitze Ostrva, die über dem Bergsee Popradské pleso emporragt. Der Friedhof entstand auf Anregung des Malers Otakar Štáfl im J. 1936 zur Erinnerung an die Menschen, die „wegen ihrer Liebe zu den Bergen ihr Leben verloren". Im Areal des Friedhofs steht eine kleine, stilvolle Kapelle, Gedenktafeln an die Opfer der Berge und einige geschnitzte Holzkreuze, wie sie in der Gemeinde Detva gebräuchlich sind.

51

Die Spitze Kriváň vom Berg Veľká kopa Gajarova aus. Die Spitze Kriváň (2 494 m) als die schönste und stolzeste Spitze der Tatra haben schon die Anhänger Ľudovít Štúrs besungen, die in ihr ein Symbol des slowakischen Charakters sahen. Die erste gemeinschaftliche Besteigung der Spitze unter der Leitung von Ľ. Štúr und J. M. Hodža unternahmen sie am 16. August 1841. Auf dem Ostabhang des Kriváňs entspringt der Fluß Biely Váh (Weiße Waag), der im Verein mit dem Fluß Čierny Váh (Schwarze Waag), welcher am Fuß des Berges Kráľova hoľa entspringt, den längsten slowakischen Fluß bildet (403 km). Die nationale Tradition der Besteigung des Kriváňs hat sich bis zum heutigen Tag erhalten.

52

Das Panorama des Tales Bielovodská dolina in der Hohen Tatra mit den Spitzen Mlynár, Vysoká (2 560 m), Nižné Rysy, Nižný Žabí štít und Východný Mengusovský štít (von links nach rechts). Das 6 km lange Tal ist bekannt auch durch die Möglichkeit, es in einer zehnstündigen Wanderung von der Ortschaft Javorina über den Sattel Váha zum Bergsee Popradské pleso zu durchqueren.

53

Die Spitzen Rysy, Vysoká und Ostrva vom Bergsee Štrbské pleso aus, einem typischen Moränensee in einer Meereshöhe von 1 346 m auf dem Südabhang der Hohen Tatra. Die Gemeinde Štrbské Pleso war im J. 1970 Schauplatz der Weltmeisterschaften in den klassischen Schilauf- disziplinen, für die hier eine ganze Reihe von Objekten und Einrichtun- gen für den Fremdenverkehr erbaut wurden.

54

Der Abhang der Spitze Kvetnicová veža und das Berghotel Sliezsky dom im Morgenlicht. Das Hotel Sliezsky dom (Schlesierhaus) ist das am höchsten gelegene Berghotel (1 670 m ü.d.M.) Die schlesische Sektion des ehemaligen Karpatenvereins erbaute hier in den J. 1892—1895 eine Touristenhütte, die aber nach mehreren Umbauten im

J. 1962 abbrannte. An ihrer Stelle wurde das Berghotel Sliezsky dom erbaut und im J. 1968 eröffnet, ein vielbesuchtes Ziel für Touristen und Bergsteiger.

55

Die Wasserfälle des Baches Veľký Studený potok in der Hohen Tatra hinter dem Erholungsheim Hrebienok (Kämmchen) unterhalb der ehe- maligen Hütte Kamzík bilden eine eindrucksvolle Eingangspartie in das Tal Veľká Studená dolina. Es sind drei Wasserfälle — der Kleine, der Große und der Lange Wasserfall, der auch wegen seiner gefährlichen „Wirbeltöpfe" bekannt ist.

56

Der Wasserfall Večný dážď (Ewiger Regen) im Tal Velická dolina unterhalb der Bergwiese Kvetnica, die durch ihre reiche Flora der subalpinen Zone das Auge des Touristen erfreut. Vor der Besteigung der Spitze Gerlachovský štít (2 655 m) über den exponierten Steig Velická próba können wir wenigstens die bekanntesten Wasserfälle in der Hohen Tatra nennen: der Wasserfall Kmeťov vodopád unterhalb des Tales Nefcerka, die Wasserfälle Vajanského vodopády im Tal Temné Smrečiny, der Wasserfall Skok im Tal Mlynická dolina, der Wasserfall Obrovský vodopád (Riesenwasserfall) im Tal Malá Studená dolina und der Wasserfall Hviezdoslavov vodopád an der Schwelle zum Tal Kačacia dolina.

57

Die Spitzen Lomnický štít und Kežmarský štít vom Grat Lomnický hrebeň aus. Die Spitze Lomnický štít (2 632 m) ist dank der im J. 1940 erbauten Schwebeseilbahn die meistbesuchte Tatraspitze und bietet eine einzigartige Aussicht nach allen Himmelsrichtungen. Die Schwebe- seilbahn überwindet von Tatranská Lomnica aus bis zur Spitze eine Überhöhung von 1 620 m auf einer Strecke von fast 6 km.

58

Der Bergsee Štrbské pleso und die Niedere Tatra mit dem Berg Kráľova hoľa im Hintergrund, betrachtet von den Schisprungschanzen im „Areal der Träume" im Tal Mlynická dolina. Der Bergsee Štrbské pleso mit seiner Umgebung ist die meistbesuchte Lokalität in der Hohen Tatra. Es gibt hier eine große Anzahl sonniger Tage im Jahr und ausgezeichnete klimatische Bedingungen, die schon am Ende des 19. Jahrhunderts den Bau von Heilstätten für die Behandlung von Erkrankungen der oberen Atemwege anregten. Der Bau neuer Heilstätten in den letzten Jahren bestätigt nur die hervorragenden therapeutischen Erfolge, die in diesen Sanatorien erzielt werden.

59

Der Berg Velická kopa von der Tatra-Magistrale aus. Die Magistrale als touristischer, 65 langer Wanderweg, wurde im J. 1937 vollendet. Sie durchquert die südlichen, mit Krummholz bestandenen, unzugängli- chen Abhänge der Hohen Tatra von West nach Ost. Für die Überwin- dung des Steiges rechnet man zwei bis drei Tage Wanderung im Touristenschritt. Die Magistrale hat zusammen vier Abschnitte: Pod- banské—Štrbské Pleso—Hrebienok—Veľké Biele pleso—Tatranská Kotli- na. Der letzte Abschnitt — die Überquerung der Belaer Tatra — ist im Interesse des strengen Naturschutzes der dortigen Flora und Fauna verboten.

60

Die Hohe Tatra von der Spitze Rysy aus (Aussicht nach Westen). Die anstrengende Besteigung der Spitze Rysy (2 499 m) läßt kein tüchtiger Tourist aus; von ihrem Gipfel bietet sich dem Betrachter ein herrlicher Rundblick auf die Tatraspitzen in einem Panorama von 360°.

61

Die Belaer Tatra vor einem Gewitter. Dieses Gebirge ist der östliche Teil des Tatra-Nationalparks, der im J. 1949 proklamiert wurde. Da es hier außerordentlich seltene kalkliebende Pflanzengemeinschaften gibt und auch die Entwicklung des Gemswildes beobachtet wird, ist ihr Haupt- grat in seiner gesamten Länge von 14 km das ganze Jahr über für die Touristik gesperrt.

62

Die Spitzen Volovec und Ostrý Roháč vom Bergsee Tretie Roháčske pleso aus. Die Spitzen Roháče — im Abschluß des Tales Roháčska dolina — sind als naturwissenschaftlich und landschaftlich wertvollste Region des nordöstlichen Orava-Gebietes seit dem J. 1974 ein staatliches Naturschutzgebiet.

63

Ein Frühlingsmorgen in Oravice mit der Spitze Giewont am Horizont, aufgenommen vom Berg Skorušina aus. Die Sonne steigt von hinter den Bergen Červené vrchy von der slowakisch-polnischen Grenze her über die Grate der Hohen Tatra in das Tal Tichá dolina hinein.

64

Die Felsformation Mních (Mönch) in der Talenge Tiesňavy im Vrátna- -Tal gehört zu den zahlreichen, bizarren, bergsteigerisch anstrengenden, brüchigen Kalksteinformationen des Vrátna-Tales und der Obší-vanka. Die Phantasie des Volkes hat ihnen metaphorische Benennungen wie Altar, Kamel, Krokodil, Tänzerin, Orgel, Pfeiler, Jánošík-Bank, Schafhirten, Große Falkenwand gegeben und – in der Partie des Gipfels Rozsutec – die Namen Drei Hunde, Tabakspfeifen, Hähnchen, Butter-faß, Kamin und andere.

65

Kleine Fatra, Frühling am Fuß des Berges Rozsutec. Die Region des slowakischen Volkshelden Jánošík mit seinem Geburtsort Terchová und dem bizarren Berg Rozsutec gehört zu den zauberhaftesten Winkeln mit einer typischen slowakischen Natur. Mehr als einem von uns ist sie besonders ans Herz gewachsen.

66

Die Felsformation Hričovská ihla am Rand der Felsengruppe Súľovské skaly kündet den Eingang in ein seltenes Naturgebilde im mittleren Považie-Gebiet an. Die Felsformationen von Súľov sind am eindrucks-vollsten im Eingang in die Talenge Súľovská tiesňava vom Bach Hradné her.

67

Der „Cintorín" (Friedhof) genannte Saal in der Eishöhle von Dobšiná ist ein Beispiel der zauberhaften unterirdischen Eiswelt, besonders wenn sie die sommerliche Natur umgibt. Diese unsere größte Eishöhle, die vor über hundert Jahren (im J. 1871) erschlossen wurde, war die erste elektrisch beleuchtete Höhle in Europa. In den verflossenen 110 Jahren wurde sie von über zwei Millionen Menschen besucht. Den Boden der Höhle bedeckt eine 25 m dicke Eisschicht. Den märchenhaftesten Anblick bietet die Höhle im Frühling, wenn der Reif „blüht".

68

Die Spitze Gerlachovský štít inmitten des Tatrapanoramas ist die höchste Erhebung (2 655 m) im höchsten Gebirgszug des Karpatenbo-gens. Die Besteigung der Spitze vom Berghotel Sliezsky dom aus (4 Stunden) und der Abstieg von der Spitze zum Bergsee Batizovské pleso (4 Stunden) ist außergewöhnlich schwierig, zum Teil ist der Steig mit Ketten gesichert, die in den Fels eingelassen sind. Die Hochgebirgstour wird nur in der Begleitung eines Bergführers empfohlen.

69

Die Niedere Tatra (die Spitzen Chopok und Ďumbier) vom Gipfel Dereše aus. Sie ist das einzige slowakische Hochgebirge, das durch einen Sessellift von beiden Seiten aus überquert werden kann (Jasná–Cho-pok–Srdiečko). Der zentrale Teil der Niederen Tatra bildet die Dominan-te und das Zentrum des touristischen und Wettbewerbs-Schilaufs. Es ist die frequentierteste Schilaufregion in der Slowakei.

70

Die Spitzen Ďumbier, Chopok, Dereše und Poľana von unterhalb des Gipfels Siná sind nur ein ungefähr 10 km langer Abschnitt im 95 km langen Grat der Niederen Tatra. Mit einer Fläche von 1 242 km^2 bildet die Niedere Tatra den ausgedehntesten orographischen Komplex im zentralen Teil der Slowakei. Die Schneedecke oberhalb der Waldgrenze dauert 110–210 Tage im Jahr, was für den Schisport sehr günstig ist.

71

Ein Wintermärchen in den Bergen Martinské hole – unberührte Natur in einer Meereshöhe von ungefähr 1 400 m. Nur zwei Kilometer weiter entfernt liegt ein reges Wintersportzentrum mit fünf Schischleppliften (Kapazität 2 000 Personen pro Stunde).

72

Die Berge Babia hora, Rozsutec, Steny, Stoh und Hromové vom Gipfel Chleb aus. Hier gibt es im Jahr nicht viele solcher Tage, wenn eine außergewöhnlich gute Fernsicht vom Gipfel Chleb aus den Berg Babia hora (1 725 m) an unserer Grenze mit Polen zu erblicken ermöglicht, der in der Luftlinie über 50 km weit entfernt ist.

73

Der Berg Čierny Kameň in der Großen Fatra vom Tal Veľká Turecká dolina aus. Den Wiesencharakter des 45 km langen Gebirgszuges löst der felsige Teil des genannten Berges ab, am Fuße dessen das 24 km lange Tal Ľubovianska dolina beginnt, das längste Tal in der Großen Fatra. Weitere bekannte Täler in dieser naturgeschützten Landschaft sind das Gaderská-, Necpalská- und das Belianska-Tal.

74

Das Tal Zádielska dolina, seit 1954 ein staatliches Naturschutzgebiet im Gebirge Slovenský kras (Slowakischer Karst). Durch die Erosion in mitteltriassischen Kalksteinen entstand eine 300 m tiefe Talenge und Schlucht, die reich ist an alpinen, subalpinen, aber auch an thermophi-len pannonischen Pflanzenarten. Die Felsen in der Schlucht sind auch beliebte Nistplätze seltener Raubvögel.

75

Steinige Kartoffelfelder im Javorie-Gebiet. Von über 60 orographischen Komplexen der Slowakei sind manche fast unbekannt. Javorie war einst ein Gruppenvulkan mit mehreren Vulkankegeln, aus denen sich Ströme von geschmolzenem Andesit ergossen. In dieser Region zwischen Zvolen und Pliešovce werden auf kleinen Flächen weniger steiler Abhänge Getreide und Kartoffeln angebaut, im südlichen Teil des Gebietes ist der Obst- und Rebenbau verbreitet.

76

Die Abhänge der Kleinen Karpaten mit ihren Weingärten sind ein Beweis für die Kontinuität und die Blütezeit des hiesigen Weinbaus vom 11. Jahrhundert an bis zur Gegenwart. Die Rebenkultur verbreitete sich allmählich in der ganzen Südslowakei, vornehmlich in den ehemaligen Komitaten Trenčín, Nitra, Hont, Abov, Tekov, Zemplín und anderswo.

77

Die Lokalität Kulháň, ein unter Naturschutz stehender Bestand alter Eichen im Gebirge Považský Inovec in der Nähe der Gemeinde Prašice wurde im J. 1972 zum geschützten Fundort erklärt. Es werden hier 70 Sommer- und Wintereichen geschützt. Die größte von ihnen hat einen Stammumfang von 670 cm. In der Nähe der genannten Lokalität liegt die Siedlung Duchonka, ein bekannter Erholungsort für Wasser-sportler.

78

Der Urwald von Dobroč im Gebirge Slovenské rudohorie. Dieser älteste Urwald in der Slowakei wurde bereits im J. 1913 zum staatlichen Naturschutzgebiet erklärt. Er liegt auf den Abhängen des Berges Veľký Grúň, etwa drei Wegstunden von der Gemeinde Dobroč entfernt. Die eigentliche unberührte Reservation des Waldbestandes bilden Fichten, Tannen, Eschen, Bergahorne und Buchen; manche Bäume sind über 400 Jahre alt. Die Reservation wird durch eine abgeholzte Schutzzone von den umliegenden Wäldern getrennt.

79

Die Wasserfläche des Stausees Ružín am Fuß des Berges Šivec gehört zum System der Stauseen auf dem Fluß Hornád zwischen den Ortschaf-ten Margecany und Ružín. Die Länge des Staudamms beträgt 14,6 km und die Wasserfläche 3,9 km^2. Das Staubecken wurde in den J. 1963–1973 erbaut, wodurch der ungestörte Betrieb der Ostslowaki-schen Eisenwerke in Košice gewährleistet wurde. Von Wäldern umge-ben bildet es für die Einwohner von Košice ein willkommenes Erholungsareal.

80

Das Pieninengebirge — eine Floßfahrt auf dem Dunajec, besonders durch den Durchbruch des Flusses durch das Gebirge, bieten den Besuchern des bilateralen (slowakisch-polnischen) Pieninen-National-parks ein unvergeßliches Erlebnis. Die reißenden Wasser des Dunajec schufen im Dunajec-Durchbruch fünf ausgehöhlte Mäander. Unser Abschnitt zwischen der Ortschaft Červený Kláštor und der polnischen Gemeinde Szawnica Niżnia hat eine Länge von 6 km. Der Pieninen-Na-tionalpark (PIENAP) wurde im J. 1967 proklamiert.

81

Vor Sonnenaufgang auf dem Stausee Zemplínska šírava. Dieses Was-serbecken ist nach dem Orava-Stausee eines der drei größten Wasserre-servoire in der Slowakei, es hat eine Fläche von 33,5 km^2. Es dient als Gewährleistung für die Industrie und die Landwirtschaft. Erbaut wurde der Stausee in den J. 1961–1965. Die Umgebung gehört zu den sonnigsten Regionen in der ganzen ČSFR und wird jährlich von über einer Million Erholungsuchender und Urlauber besucht.

82

Eine mittelalterliche Kanone vor dem Schloß in Betliar und eine Buddhastatuette inmitten von Blumenrabatten deutet den Lebensstil reicher Feudalherren an, zu denen auch das Adelsgeschlecht der Andrássys gehörte, denen das Schloß, die Eisenerzgruben und die Eisenwerke in der Umgebung gehörten. Im Schloß werden viele, auch exotische Exponate aufbewahrt, doch das wertvollste Inventar ist eine große Bibliothek von etwa 20 000 Bänden aus dem 17.–19. Jahrhun-dert.

83

Die Burg Beckov schließt den Talgrund des Flusses Váh ab. Im Verein mit der Burg Trenčín sicherte sie im 13. Jahrhundert die westliche Grenze Oberungarns, der heutigen Slowakei. Zu Beginn des 14. Jahr-hunderts bemächtigte sich ihrer Matthäus Čák von Trenčín, einer der einflußreichsten Feudalherren dieser Zeit. Die Burg, die im J. 1599 erfolglos von den Türken belagert wurde, fiel im J. 1729 den Flammen zum Opfer und lag seither in Ruinen. Gegenwärtig wird sie als nationales Kulturdenkmal teilweise restauriert.

84

Die Burg Topoľčany am Rande des Gebirges Považský Inovec, ist etwa 15 km von der Stadt Topoľčany entfernt. Sie wurde um die Mitte des 13. Jahrhunderts erbaut. Mehrfach umgebaut und erweitert, besonders in den Kämpfen gegen die Türken, blieb sie schließlich unbewohnt und verfiel zur Ruine. Es blieb von ihr nur eine markante Silhouette mit einem Turm in romantischen Stil übrig, der im 19. Jahrhundert vollendet wurde.

85

Der Eingang zur Burg Trenčín, einer der bekanntesten slowakischen Burgen. Der erste schriftliche Bericht auf dem Gebiet der Slowakei aus dem J. 179 u. Z. ist in den Fuß des Burgfelsens eingemeißelt und verzeichnet die Besiegung der Germanen durch die II. römische Legion. Der Name des bekannten Besitzers der Burg Matthäus Čák von Trenčín (1260?–1321), des „Herrn der Waag und der Tatra", ist nur ein kurzer Abschnitt aus der reichen Geschichte der Fortifikationsdominante über der Stadt Trenčín.

86

Die Burg Trenčín bei der Abendbeleuchtung. Gegenwärtig wird der Burg Trenčín ihre ehemalige Gestalt vom Ende des 16. Jahrhunderts wiedergegeben, als sie dem Adelsgeschlecht der Zápolyas gehörte. In der oberen Burg werden Expositionen des Trenčíner Museums aufbewahrt. Die Burg ist ein nationales Kulturdenkmal und die Dominante des mittleren Waagtales, von vielen Sagen umwoben.

87

Der Hof des Schlosses in Topoľčianky, ursprünglich ein Renaissancebau. In den J. 1825–1830 wurde an der Stelle des ehemaligen Südflügels ein klassizistisches Objekt angebaut, das während der ersten Tschechoslowakischen Republik als Sommerresidenz des Staatspräsidenten diente. Im J. 1950 schenkte der damalige Präsident Klement Gottwald das Schloß den Gewerkschaften. Umgeben von einem der größten englischen Parks in der Slowakei, reiht sich das Schloß mit seinem Tiergarten (Auerochshaltung), seinem bekannten staatlichen Zuchtgestüt und seiner reizenden bewaldeten Umgebung schon traditionsgemäß zu den vielbesuchten Orten der Slowakei ein. Das Schloß ist ein nationales Kulturdenkmal.

88

Die Kassettendecke, im sog. Goldenen Saal des Schlosses Bojnice mit einer Kopie des Porträts des Schloßbesitzers Ján Pálffy. Zu einer Zeit, als in der Slowakei viele alte Bauwerke dem Zahn der Zeit anheimfielen, ließ J. Pálffy das Schloß Bojnice in den J. 1899–1909 mit Erfolg umbauen.

89

Das Schloß Bojnice, ein romantisches Bauwerk nach dem französischen Vorbild. Das ursprüngliche Schloß stammte aus dem J. 1113. Es machte viele Umbauten durch und erhielt seine heutige Gestalt am Ende des 19. Jahrhunderts, als es sein Besitzer Ján Pálffy nach dem Vorbild französischer Schlösser im Tal der Loire umbauen ließ. Das Schloß Bojnice, in dem ein Museum der neuen Baustile seinen Sitz hat, lockt mit seiner lieblichen Umgebung, seinen Schwefelbädern und seinem zoologischen Garten jährlich eine große Anzahl von Besuchern und Erholungsuchenden an.

90

Schloß Budmerice, das Haus der slowakischen Schriftsteller. Das Schloß ließ Ján Pálffy im J. 1899 erbauen, als französische Vorbilder nachgeahmt wurden. Das Objekt von geringerem architektonischen Wert dient heute für schöpferische und Erholungsaufenthalte slowakischer Schriftsteller.

91

Das neogotische Schloß in Rusovce bei Bratislava, ein Beispiel der kulturellen Nutzung ehemaliger Residenzen. Das Schloß wurde in der zweiten Hälfte des 19. Jahrhunderts in einem Stil erbaut, der die englische Gotik nachahmte. Im englischen Park werden Friedensfeiern im Rahmen des Bratislavaer Kultursommers abgehalten.

92

Schloß Smolenice in den Kleinen Karpaten. Die ursprüngliche Burg wurde im 14. Jahrhundert als Wachtturm errichtet. Sie gehörte mehreren Besitzern, bis sie im J. 1777 Ján Pálffy erwarb. Das Geschlecht der Pálffys, ursprünglich von geringer Bedeutung, erwarb Ansehen und ausgedehnte Güter in der Westslowakei (auch in Österreich) nicht nur dank seiner in den Kriegen gegen die Türken errungenen Auszeichnungen, sondern auch durch politische Spekulationen. Das verstaatlichte Schloß wurde baulich in den J. 1949–1957 für die Zwecke der Slowakischen Akademie der Wissenschaften vollendet und adaptiert (wissenschaftliche und Erholungsaufenthalte, Symposien, Konferenzen u.ä.).

93

Das Schloß in Moravany nad Váhom bei Piešťany. Das ursprüngliche Renaissanceschloß ließ Bischof Čáky im 16. Jahrhundert erbauen. Hinter der ursprünglichen hohen Attika wurde im J. 1881 ein zweites Stockwerk errichtet. Das Schloß zusammen mit dem ursprünglichen Areal von Wirtschaftsgebäuden wurde für schöpferische und Erholungsaufenthalte der Künstler adaptiert. Den Schloßpark schmü-

cken Holzplastiken; ihre Autoren waren Teilnehmer an internationalen Bildhauersymposien, die in Moravany abgehalten wurden.

94

Die Burg Lietava bei Žilina wird zum erstenmal im J. 1318 erwähnt, als sie schon im Besitz des Magnaten Matthäus Čák von Trenčín war. Die Burg hatte viele Besitzer, bis sie in der zweiten Hälfte des 16. Jahrhunderts die Adelsfamilie der Thurzo durch Heirat erwarb. Ihr gehörte sie bis zum Aussterben des Geschlechtes. Seit dem J. 1729 war die Burg unbewohnt, sie beherbergte nur ein Archiv und als sich im J. 1770 ihre Erben aufhörten, sich um die Burg zu kümmern, verwandelte sie sich allmählich in eine Ruine.

95

Die Burg Starý hrad, eine Dominante im Waagtal bei Strečno. „Starhrad" war schon im 13. Jahrhundert ein Stützpunkt und eine Mautstation. Zusammen mit der Burg Strečno spielte sie im 14. Jahrhundert eine führende Rolle im oberen Považie-Gebiet. Sie gehörte vielen Besitzern, auch Matthäus Čák von Trenčín und der Adelsfamilie Pongrác. Familienzwistigkeiten zwischen den Angehörigen dieses Geschlechtes waren schließlich der Grund ihres Verfalls. Als die Türkengefahr aufhörte, verlor die Burg auch ihre strategische Bedeutung. Heute liegt sie in Ruinen, an die sich viele volkstümliche Sagen knüpfen.

96

Die Burg Spišský hrad (Zipser Burg), ist die größte Burganlage in der Slowakei, ja in ganz Mitteleuropa. Sie beherrschte die Zips schon seit dem J. 1209. Als uneinnehmbare steinerne Festung widerstand sie auch dem Tatareneinfall im J. 1241. Die ursprünglich romanische Burg machte viele Umbauten und Rekonstruktionen durch, angefangen von den spätgotischen bis zu den Adaptationen in der Renaissancezeit, welche die Adelsfamilie Thurzo bei ihrer Herrichtung zu Wohnzwecken durchführen ließ. Nach einer Feuersbrunst im J. 1780 begann die Burg zu veröden und den Verfall konnten auch ihre letzten Besitzer, das Geschlecht der Čákys, die einstigen erblichen Gespane der Zips (1638–1945) nicht aufhalten. Erst die derzeitigen umfangreichen Konservierungs- und Rekonstruierungsarbeiten ermöglichen es, die Burg mit drei Burghöfen nach und nach für Ausstellungen des Ostslowakischen Museums in Košice zu nutzen. Ein Teil der oberen Burg wurde bereits der Öffentlichkeit zugänglich gemacht. Die Zipser Burg ist ein nationales Kulturdenkmal.

97

Die Landschaft oberhalb des Schlosses Orava. Der erste Vermerk über die Burg Orava – heute ein nationales Kulturdenkmal und eine reizvolle Dominante des unteren Orava-Gebietes – stammt aus dem J. 1267. Stolz ragt das Schloß über den Orten empor, an denen sich die blutige Unterdrückung des antifeudalen Bauernaufstande unter der Führung Pikas (1672) abspielte, an dem auch die Dorfrichter der Komitate Orava und Liptov teilgenommen hatten.

98

Der Grubenteich Klinger in den Bergen Štiavnické vrchy gehört zum sinnreichen System der Bergwerks-Wasserreservoirs, die vor fast 200 Jahren in der Umgebung von Banská Štiavnica erbaut wurden. Die Reservoirs dienten industriellen und wasserwirtschaftlichen Zwecken. Auch heute noch sind 19 solcher Wasserwerke in Betrieb, wobei einige von ihnen – besonders die Teiche von Počúvadlo, Richnava und Studenec – gleichzeitig auch beliebte Erholungsorte sind.

99

Zvolen, das mittelalterliche Königsschloß repräsentiert in seinen Grundzügen den Höhepunkt der gotischen Baukunst in der Slowakei (zweite Hälfte des 14. Jahrhunderts). Die Burg erlebte Renaissance- und Fortifikationsumbauten, die noch im 17. Jahrhundert für die Bedürfnisse der Verwaltung des Komitates Zvolen ausgeführt wurden, doch schließlich verlor sie ihre ehemalige Bedeutung und verödete. Die Denkmalsadaptierung der Burg begann in den J. 1894–1896, doch die Generalrekonstruktion wurde erst in den J. 1956–1969 ausgeführt. Heute wird die Burg als Sitz einer elozierten Arbeitsstätte der Slowakischen Nationalgalerie und für Kulturbedürfnisse der Stadt Zvolen genutzt. Das nationale Kulturdenkmal gehört in nicht hinwegzudenkender Weise zur Silhouette der Stadt Zvolen und ihrer anziehenden Umgebung.

100

Das Schloß Slovenská Ľupča bei Banská Bystrica war schon in der zweiten Hälfte des 13. Jahrhunderts ein bekanntes Jagdschloß des Königs und seines Gefolges. Die drohende Türkengefahr machte einen Umbau des Schlosses erforderlich, doch die Bewohner der Herrschaft von Ľupča zahlten in den J. 1526–1718 trotzdem furchtbar auf die Raubzüge der Türken drauf: 300 Personen aus der Ortschaft Poniky verschleppten sie in die Gefangenschaft und brannten die Gemeinde im J. 1678 nieder. Nach einer Feuersbrunst im J. 1860 wurde das Schloß allmählich umgebaut und zu verschiedenen Zwecken genutzt (als

Waisenhaus für die Bergarbeiterkinder und später – bis zum J. 1957 – als Magazin). Heute dient das Schloß als Heim der Charitaszentrale für Ordensschwestern.

101

Plaveč, die nördlichste slowakische Burg. Die Ruinensilhouette der hohen Mauern des Wohnflügels und die Reste der Basteien sind ein nur unbedeutender Teil der einst wichtigen Burg, die die Handelsstraße aus der Region Šariš nach Krakau in Polen bewachte. Die Burg, die schon im J. 1294 als Grenzfestung erwähnt wird, wurde erst im zweiten Drittel des 14. Jahrhunderts vollendet. Die Probleme mit der letzten, unüberlegten Adaptation der Burg zu Wohnzwecken im J. 1830 wurden endgültig durch eine Feuersbrunst gelöst (1856), nach der von ihr nur Ruinen des vergangenen Ruhmes übrigblieben.

102

Bzovík, im Turm des befestigten Klosters. Die Gründung des Prämonstratenserklosters in Bzovík (1127–1131) wird mit dem Namen des Königs Béla II. erwähnt, der dem Kloster Grundbesitz schenkte und hier eine Abtei dieses Ordens gründete. Um die Mitte des 16. Jahrhunderts besetzte Žigmund Balaša das Kloster und vertrieb die Ordensbrüder, um es gegen die Türken zu befestigen. Schließlich wurde das Kloster nicht von den Türken erobert, sondern von den Heerscharen des aufständischen Magnaten Thököly (1678). Seit dem 19. Jahrhundert verfiel das verödete Kloster und im zweiten Weltkrieg wurde seine Zerstörung vollendet. Das als Denkmal geschützte Objekt wurde zu Beginn der siebziger Jahre teilweise hergerichtet.

103

Die Burg Krásna Hôrka, eine Festung gegen die Türken im Gebiet Gemer, wurde in den J. 1539–1545 befestigt. Die letzten Besitzer der Burg seit dem J. 1642 war die Magnatenfamilie Andrássy, die sie umbauen und erweitern ließ. Durch ein Schadenfeuer im J. 1817, von einem Blitz verursacht, wurde die Burg erheblich beschädigt. Der letzte Bewohner der Burg, Dionysius Andrássy, baute die Burg nach dem Tod seiner geliebten Gemahlin Franziska Hablavec faktisch zu einem Familienmuseum um (1903). In der Gemeinde Krásnohorské Podhradie ließ er zum Andenken an seine verstorbene Gemahlin ein Mausoleum erbauen, eines der schönsten Bauwerke aus der Sezessionszeit in der Slowakei. An die Burg selbst knüpfen sich viele, auch literarisch verarbeitete Sagen. Sie ist ein nationales Kulturdenkmal und dient der Öffentlichkeit als Museum der feudalen Wohnkultur.

104

Die Burg Turňa am Fuß eines Karstplateaus wurde nach dem Tatareneinfall im 13. Jahrhundert erbaut. Während der Kämpfe um den ungarischen Königsthron geriet sie in die Hände Ján Jiskras und seiner Heerscharen; im J. 1652 wurde sie von den Türken erobert und endgültig wurde sie während der antihabsburgischen Aufstände der ungarischen Adeligen im J. 1685 zerstört.

105

Die Burg Nitra, ein Gebäudekomplex auf dem Burghügel. Die Burg selbst, das bischöfliche Palais, die Bischofskathedrale und die Befestigungen mit den archäologischen Lokalitäten der slawischen Siedlungen in Chrenová, auf dem Berg Zobor und mit der slawischen Begräbnisstätte auf dem Hügel Lupka sind ein nationales Kulturdenkmal. Obwohl Nitra (ursprünglich Nitrava genannt) mit der ältesten, schriftlich belegten christlichen Kirche in der Slowakei (aus dem J. 833) auf eine lange Geschichte zurückblickt, stammt die heutige barocke Form der Nitraer Burg aus den J. 1706–1736. Nitra erlebte ruhmreiche Zeiten; während des Großmährischen Reiches war die Lokalität der Sitz des Fürstentums Nitra, der Fürsten Pribina und Svätopluk, aber auch Zeiten des Verfalls (von der Stellung einer königlichen freien Stadt sank sie im J. 1288 zu einer Untertanenstadt des Bistums herab). Sie wurde in fast allen Kriegen, Kämpfen und Einfällen verwüstet, die jahrhundertelang über die Slowakei hinwegbrausten, so daß von den ursprünglichen Bauobjekten nur wenig erhalten blieb.

106

Skalica, die frühromanische Rotunde in der Mitte der Aufnahme ist ein nationales Kulturdenkmal. Sie wurde im 11. Jahrhundert erbaut. Andere bedeutsame Baudenkmäler im romanischen Stil sind auch die St.-Georgskirche in Kostoľany pod Tríbečom aus dem 11. Jahrhundert, das Kirchlein in Dražkovce bei Nitra (Anfang des 12. Jahrhunderts) und die ursprünglich spätromanische Kathedrale in Spišská Kapitula (aus den J. 1245–1273) sowie andere, kleinere und größere Sakralbauten, die in der ganzen Slowakei verstreut sind.

107

Der St.-Elisabethdom in Košice mit der St.-Michaelskapelle ist ein nationales Kulturdenkmal. Der größte gotische Dom in der Slowakei, erbaut in den J. 1345–1508, war das Vorbild für ähnliche Bauwerke in Levoča, Bardejov, ja auch in Polen, Niederungarn und in Siebenbürgen.

Er hat ein künstlerisch wertvolles Interieur mit vier gotischen Altären und einer königlichen Empore (nach dem Vorbild im St.-Veitsdom in Prag).

108

Hronský Beňadik, die gotische Kirche und das Kloster im Tal des Flusses Hron oberhalb des sog. Slowakischen Tores, ist das wichtigste befestigte Sakralobjekt in der Slowakei. Mit seinem Bau wurde um das J. 1350 begonnen. Vom Ende des 14. Jahrhunderts stammt die Stirnseite mit dem hochgotischen Eingangsportal und der Abteiflügel. Das Gebäude wurde im 16. Jahrhundert aus Furcht vor der drohenden Türkengefahr sowie vor den Angriffen der Einwohner von Banská Štiavnica befestigt. Das Kloster gehörte dem Benediktinerorden. Heute befindet sich im Abteiflügel ein Heim der Charitas. Der Komplex, der zu einer Generalreparatur vorbereitet wird, ist ein nationales Kulturdenkmal.

109

Das Tor Piargska brána (Johannesberger Tor) in Banská Štiavnica hatte eine Wehrfunktion, es stammt aus dem J. 1554 und wurde im 18. Jahrhundert in barockem Stil umgebaut. In der Stadt Banská Štiavnica wurde im J. 1763 eine Bergbauakademie gegründet, die erste technische Hochschule in der ganzen Welt. Im J. 1782 hatte die Stadt über 23 000 Einwohner, sie war die drittgrößte Stadt im damaligen Ungarn, doch vom 19. Jahrhundert an begann sie zu verfallen, weil die dortigen Erzgruben erschöpft waren, und die Zahl ihrer Einwohner verminderte sich, im J. 1985 hatte sie nur etwas über 10 000 Einwohner. Der historische Stadtkern ist eine städtische Denkmalsreservation und das Stadtschloß Starý zámok mit 11 Gebäuden der ehemaligen Bergbauakademie sind nationale Kulturdenkmäler. Das Alte Schloß und das Neue Schloß, der Kammerhof und einige weitere Objekte dienen heute den Zwecken des Slowakischen Bergbaumuseums.

110

Der „Kalvarienberg" in Banská Štiavnica ist das schönste sakrale Bauwerk dieser Art in der Slowakei. Er wurde in den J. 1744–1751 auf Anregung des Jesuitenpaters F. Perger erbaut. Der „Kalvarienberg" auf dem steilen Hügel besteht aus 17 Kreuzwegstationen und 5 größeren Bauten, die in der Achse des architektonischen Komplexes angeordnet sind.

111

Das Panorama von Banská Štiavnica mit dem „Kalvarienberg" und dem Neuen Schloß. In der reizenden Landschaft der Berge Štiavnické vrchy breitete sich terrassenförmig schon im Mittelalter die Bergbaustadt aus, deren bauliche Entwicklung auf dem ertragreichen Silberbergbau seit dem 16. Jahrhundert beruhte. In den J. 1564–1571 wurde hier ein Wachtturm gegen die Türken, das heutige Neue Schloß, erbaut, das zusammen mit dem „Kalvarienberg" (1754) bis heute die Dominante der Stadt bildet.

112

Kremnica, ein ursprünglich gotisches Haus auf dem Stadtplatz im wohlerhaltenen historischen Stadtkern der städtischen Denkmalsreservation. Es sind dies Bauten vom sog. Maßhaustyp der Bürgerhäuser mit einem Eintrittsraum (einem Hausflur oder einem Gang).

113

Die Stadtburg Kremnica, ein nationales Kulturdenkmal. Der Komplex der wohlerhaltenen Bauten, fast in der ursprünglichen Konzeption, stammt ungefähr aus den J. 1388–1405. Kremnica (als Siedlung, in der schon um das J. 1000 Gold gefördert wurde) wird schriftlich zum erstenmal als Cremnichbana im J. 1328 erwähnt. Im Mittelalter war Kremnica einer der wichtigsten Goldproduzenten in Ungarn. Um das J. 1440 wurde die Stadt mit Mauern umgeben und dadurch fortifikatorisch an die Stadtburg angeschlossen. Im J. 1328 wurde in Kremnica eine Münzanstalt gegründet, die besonders durch die Prägung ihrer Golddukaten berühmt war und die auch heute noch in Betrieb ist. Mit ihrer über 650-jährigen Geschichte ist sie die älteste erhaltene Münze in Europa.

114

Die Stirnwand des Thurzohauses in Levoča mit Pseudorenaissancesgraffitos wurde in den J. 1903–1904 von Hörern der Budapester Kunstgewerbeschule unter der Leitung von Prof. Š. Groh verfertigt. In den J. 1958–1959 wurde die Fassade von M. Štalmach restauriert. Das typische mittelalterliche Haus eines wohlhabenden Bürgers entstand durch den Umbau zweier gotischer Gebäude im Renaissancestil im 16. Jahrhundert.

115

Poprad–Spišská Sobota, ein Altar von Meister Paulus aus Levoča aus dem J. 1516 ist der Stolz der Pfarrkirche des Hl. Georg. Die Bürgerhäuser, welche die Kirche auf dem Stadtplatz umgeben, waren ursprünglich gotisch, später wurden sie im Renaissancestil umgebaut. Sieben der architektonisch wertvollsten von ihnen werden in den ursprünglichen Zustand zurückversetzt.

116

Levoča, die Gestalt des Judas vom Letzten Abendmahl von Meister Paulus auf der Predella des Hauptaltars im St.-Jakobsdom. Einer der höchsten spätgotischen Schreinaltäre in Mitteleuropa (18,5 m hoch und 6 m breit). Er entstand unter der Mithilfe von Mitautoren in den J. 1508–1515. Von Meister Paulus stammen auch die drei zentralen Statuen im Altarschrein.

117

Der Apostel Jakobus von Meister Paulus, auch auf der Predella des Hauptaltars in der St.-Jakobskirche. Meister Paulus nahm unter den zeitgenössischen Künstlern einen hervorragenden Platz ein; in den J. 1527–1528 war sein Name im Verzeichnis der Ratsherren von Levoča eingetragen. Nach Levoča wurde er wahrscheinlich von J. Thurzo berufen, einem Krakauer Bürger aus der Gemeinde Betlanovce, der geschäftlich auch in Polen engagiert war.

118

Levoča, das Renaissanceportal des Hauses Nr. 40 auf dem Stadtplatz, datiert mit dem J. 1530. Das Haus stammt aus dem 15. Jahrhundert, restauriert wurde es im J. 1982. Die Bau- und Kunstdenkmäler in der Zips gedenken der Machtkämpfe, aber auch der Blütezeiten des Handwerks und des Handels; es kennzeichnen sie multinationale Einflüsse. Dabei führten die Städte Levoča und Kežmarok in der ersten Hälfte des 16. Jahrhunderts einen unregelmäßigen Krieg gegeneinander um den wirtschaftlichen Vorrang.

119

Spišský Štvrtok, die St.-Ladislauskirche mit der Kapelle der Adelsfamilie Zápoľský an der Südseite des Kirchenschiffs. An die ursprünglich gotische Kirche aus dem 13. Jahrhundert mit romanischen Elementen ließ Stephan Zápoľský, erblicher Gespan des Komitates Zips und damaliger ungarischer Palatinus, im J. 1473 eine stockhohe gotische Kapelle anbauen, die ursprünglich nur für ihn und seine Familie bestimmt war.

120

Levoča, der Kreuzgang im Minoritenkloster aus dem 14. Jahrhundert. Der gotische Arkadengang, der die Mitte des Klosters von vier Seiten umschließt (der sog. gotische Paradieshof), ist bei den alten Stadtmauern an die dreischiffige Hallenkirche angeschlossen.

121

Levoča, das Rathaus und die St.-Jakobskirche in der städtischen Denkmalsreservation. Das ursprüngliche Dreitraktgebäude hat einen Mansardenaufbau im Stil der polnischen Renaissance. Die gotische Hallenkirche vom pseudobasilikalen Typ wurde vor dem J. 1400 vollendet. In der Kirche befinden sich bekannte Holzschnitzereien von Meister Paulus und aus seiner Werkstätte.

122

Bardejov, im historischen Stadtkern hat sich ein Teil der ursprünglich gotischen Häuser aus dem 14. Jahrhundert ihren gotischen und Renaissancecharakter bewahrt, obwohl sie mehreren partiellen Adaptationen und Renovierungen unterworfen waren.

123

Bardejov, das Rathaus und die St.-Ägidiuskirche in der städtischen Denkmalsreservation des am besten erhaltenen mittelalterlichen Stadtkomplexes in der Slowakei. Das gotische, später im Renaissancestil umgebaute Rathaus stammt aus den J. 1505–1508. In der St.-Ägidiuskirche aus dem J. 1415 befinden sich elf gotische Altäre aus der Holzschnitzerschule in Bardejov.

124

Kežmarok, im Hof des Stadtschlosses dominiert die frühbarocke Kapelle aus dem J. 1658. Die ursprünglich gotische Burg aus dem 14. bis 15. Jahrhundert wurde nach einem Renaissance- und späteren Umbau für die Zwecke des Museums rekonstruiert. Kežmarok ist eine städtische Denkmalsreservation.

125

Prešov, die Stuckverzierung des spätbarocken Hauses Nr. 22 auf dem Stadtplatz ist ein Exterieurbeispiel des Lebensstils im 17. Jahrhundert, der auch die Architektur und die bildende Kunst prägte. Das Barock mit seiner Dynamik, seiner Tendenz zum Monumentalismus, seiner Pomphaftigkeit und Illusivität kennzeichnete viele sakrale und profane Gebäude in der Slowakei (z. B. die Salla terena auf der Burg Červený Kameň u. a.).

126

Der Renaissancekirchturm in der Gemeinde Svinia stammt aus dem J. 1628; sein Attikagiebel ist typisch für eine ganze Reihe reizvoller Renaissancetürme in der Ostslowakei (Červenica, Jamník, Spišský Hrhov, Granč-Petrovce, Harakovce, Chmeľov, Chmiňany, Osikov und Badačov, die aus der ersten Hälfte des 17. Jahrhunderts stammen). Der Turm in Svinia wurde im J. 1982 renoviert.

127

Podolínec, der Renaissanceglockenturm neben der Kirche, erbaut im J. 1659. Er ist ein Musterbeispiel für die prismatoidischen, separat stehenden Kampanilen in der Zips, die an Basteien erinnern. Es schmückt ihn – ähnlich wie die Renaissanceglockentürme in Poprad, Spišská Sobota, Strážky und Vrbov – eine Giebelattika. Der älteste und schönste dieser Glockentürme, erbaut in den J. 1568–1591, steht in Kežmarok.

128

Das Seitenschiff der gotischen Kirche in Štítnik. Die ursprünglichen mittelalterlichen und späteren Wandgemälde (vornehmlich nach italienischen Vorbildern) ließen die Protestanten um die Mitte des 17. Jahrhunderts übertünchen. Wieder freigelegt wurden sie erst bei der Restaurierung in den J. 1899–1908 und 1908–1914. Die Kirche ist ein nationales Kulturdenkmal.

129

Trnava, das Interieur der Universitätskirche, die eine der wertvollsten Schöpfungen unter den frühbarocken Baudenkmälern in der Slowakei darstellt, reich verziert mit Stuckarbeiten von G. B. Rossi, G. Tornini und P. A. Conti. Der Hauptaltar des Hl. Johannes des Täufers stammt aus den J. 1637–1640, er wurde von B. Knilling aus Wien in Zusammenarbeit mit einheimischen Meistern V. Stadler, V. Knotek, V. Knerr und Ferdinand geschaffen. Es befinden sich auf ihm 27 Statuen. Die Stadt Trnava war seit dem J. 1541 über 200 Jahre lang das Zentrum der kirchlichen Verwaltung Ungarns. Die Kirche wurde mit dem Komplex der anliegenden Gebäude und dem Jesuitenkollegium wegen ihres architektonischen Wertes zum nationalen Kulturdenkmal erklärt.

130

Bratislava, das Michaelertor im historischen Stadtkern. Die am besten erhaltenen mittelalterlichen Stadtmauern in der Slowakei stehen zwar in Levoča, Bardejov und Kremnica, doch der Michaelerturm und das Michaelertor in Bratislava sind noch bekannter. Es ist ein Überbleibsel des Fortifikationssystems der königlichen Freistadt Bratislava, die drei und im 15. Jahrhundert sogar neun Tore hatte. Erhalten blieb jedoch nur das Michaelertor etwa aus dem J. 1411 mit einem prismatischen Turm (1511–1517) und einem zwiebelförmigen Rokokodach (1758).

131

Bratislava, das Portal des Palastes des Marschalls Leopold Pálffy, eines Landsmanns aus Wien, des Wächters der ungarischen Krone (1758) und Hauptbefehlshabers der ungarischen Streitkräfte (1763). Das dreistöckige fünfflügelige Gebäude des Palastes mit zwei Höfen stammt vom Ende der ersten Hälfte des 18. Jahrhunderts, aus der Zeit der fieberhaften Bautätigkeit in den ersten Jahren nach der Thronbesteigung Maria Theresias (1740–1780), die den ihr gehorsamen Adel begünstigte.

132

Das historische Zentrum von Alt-Bratislava. Die Salvatorkirche (1636–1638) und der prismatische Turm des Alten (Städtischen) Rathauses aus dem 14. Jahrhundert gehören zu den bekannten historischen Baudenkmälern der slowakischen Hauptstadt.

133

Bratislava, die Eintrittshalle mit einer Balustrade im Grassalkowichpalais. Die allegorischen Sandsteinfiguren von Bildhauer Bayer – David, Salomo, Frühling und Herbst – stammen vom Ende des 18. Jahrhunderts. Das ursprünglich pavillonartige Sommerpalais ließ der damalige Präsident der Ungarischen Kammer Anton Grassalkowich nach dem J. 1760 im französischen Garten erbauen.

134

Bratislava, die englischen Gobelins im Primatialpalais. Sechs Teile aus der englischen königlichen Gobelinmanufaktur in Mortlake aus dem 17. Jahrhundert sind in den Festsälen im ersten Stock ausgestellt. Ihre Sujets schöpfen sie aus der altgriechischen Sage von Hero und Leander.

135

Bratislava, der sog. Pompejanische Saal im Alten Rathaus (im westlichen Flügel) mit einem Tonnengewölbe (1583), hat eine reiche ornamentale Dekoration nach pompejanischen und herkulanäischen Vorbildern, ausgeführt von C. Engel; sie stammt aus dem J. 1878. Der Saal und seine Einrichtung gehört zu einem umfangreichen Komplex von Räumen, in denen die Sammlungen des Stätischen Museums von Bratislava untergebracht sind.

136

Bratislava, der dreischiffige Hallendom des Hl. Martin (14.–15. Jahrhundert) mit dem Presbyterium, dem Turm, drei gotischen Kapellen und einer barocken Kapelle des Hl. Johannes des Almoseniers.

137

Die Burg und der St.-Martinsdom sind altertümliche Symbole der Stadt

an der Donau. Auf der Spitze des pyramidenförmigen Domturmes befindet sich eine vergoldete Krone auf einem Polster – das Symbol des Krönungsdomes, in dem vom 16. bis 19. Jahrhundert die ungarischen Könige und Königinnen aus der habsburgischen Dynastie gekrönt wurden.

138

Das geschmückte Fenster eines Hauses in der Gemeinde Východná während des Folklorefestivals. Das Festival wird in dieser Ortschaft am Fuß der Hohen Tatra seit 1953 alljährlich abgehalten. Seit 1979 ist es Mitglied der internationalen Organisation der Veranstalter von Folklorefestivals bei der UNESCO.

139

Das Spitzenklöppeln in der Ortschaft Špania Dolina als organisierte Betätigung hat in dieser ehemaligen Bergarbeitersiedlung eine mehr als einhundertjährige Tradition. Als Erwerbstätigkeit wurde diese Beschäftigung in einigen ursprünglichen Zentren der Slowakei vom Ústredie ľudovej umeleckej výroby (Zentrale für volkstümliche künstlerische Produktion) wieder erneuert.

140

Eine Puppe in der Tracht von Myjava mit einer reichen Spitzendekoration gemäß der Kleidung für erwachsene Frauen. Am Ende des 19. Jahrhunderts gründete der ungarische Staat – im Bestreben soziale Unruhen in den Bergbaugebieten zu verhindern – seit dem J. 1893 staatliche Spitzenklöppelwerkstätten in den ursprünglichen Zentren dieser Beschäftigung (Špania Dolina, Staré Hory, Hodruša, Kremnické Bane). Dank der damaligen Arbeitslosigkeit der Bergarbeiter in diesen Gemeinden gelangten die slowakischen Spitzen schon vor hundert Jahren in die ganze Welt.

141

Pozdišovce, ein Produzent volkstümlicher Keramik beim Verzieren großer, bis 80 cm hoher Vasen mit dem typischen glasierten Dekor und Farbengebung von Pozdišovce. Heute haben die keramischen Erzeugnisse aus Pozdišovce meist nur eine dekorative Funktion, ähnlich wie die Produkte der bekannteren Majolikawerstätte in Modra. Dem keramischen Schaffen widmen sich auch viele professionelle Künstler in der ganzen Slowakei.

142

Trnava, Fayence von Holíč aus der Parrákschen Sammlung ist heute im Besitz des Westslowakischen Museums. Die Sammlung Parráks, ähnlich wie die Sammlungen P. Blahos und H. Landsfelds, sind Erbegnisse ihrer lebenslangen Sammeltätigkeit, sie haben viele wertvolle und seltene Artefakten aus Keramik, Fayence, Majolika u. ä. gerettet, die heute von den Besuchern der Museen in Trnava, Skalica und anderswo bewundert werden.

143

Frauen aus dem Gebiet Tekov in ihrer Tracht bei festlichen Veranstaltungen. Die Folklorefestivals waren stets große Volksfeste. So traten beispielsweise nur in Východná in drei Julitagen 1200–1500 Mitwirkende für sechzig bis achtzigtausend Zuschauer auf.

144

Ein Bursche aus der Gemeinde Detva hinter der Tribüne beim Folklorefestival am Fuß des Berges Poľana in Detva. Dieses Festival ist eine regionale Schau von Folkloreensembles und einzelner Mitwirkender, die unsere volkstümlichen Traditionen bewahren und die Zuschauer nicht nur mit ihrem spezifischen Programm, sondern auch mit den präsentierten Trachten anziehen.

145

Vor dem letzten erhaltenen volkstümlichen Haus in der Gemeinde Štrba am Fuß der Hohen Tatra. Eine Schwiegermutter richtet der Braut die Štrbaer Tracht.

146

Ein Musikant aus der Gemeinde Terchová, aus „Jánošíks Region". Ein Quartett aus Terchová (häufig nur in einer Dreierbesetzung) ist ein archaischer Prototyp der Violinmusik. Es charakterisiert sie ein voller, harter Ton des Ensembles, einer Folge des häufigen Spielens auf leeren Saiten. Der begleitende Gesang ist zwei- und dreistimmig, einfach verziert, in Terzen gespielt. Die Musikanten aus Terchová treten überall dort auf, wo slowakische volkstümliche Streichmusik dargeboten wird.

147

Ein fünfundachtzigjähriger Sänger und eine junge Frau aus Terchová. Dank der vielen Folklorefestivals bleibt in der Slowakei auch das volkstümliche Liedschaffen erhalten. Es wird von der älteren den jüngeren Generationen überliefert, bereichert um neue Elemente aus der Gegenwart.

148

Myjava, das Vorführen alter Volksbräuche auf Folklorefestivals zeugt davon, daß sich auch die jungen Leute, die bei diesen Programmen mitwirken, lebhaft für das geistige Erbe ihrer Altvorderen interessieren.

149

Das Radenasche Haus in der Gemeinde Čičmany, ein Beispiel der Volksbaukunst. Das Haus wurde beim Wiederaufbau der Gemeinde nach der großen Feuersbrunst im J. 1923 nach ursprünglichen Vorbildern erbaut. Es beherbergt eine ethnographische Exposition, die die Volkskultur dieses charakteristischen slowakischen Dorfes am Fuß des Berges Kľak dokumentiert und den Besuchern näherbringt.

150

Frauen aus Čičmany während der Aufnahme eines folkloristischen Fernsehfilms. Die Folkloredokumentaristik ist bei uns ein ständiges Sujet des Film- und Fernsehschaffens; sie trägt dadurch zur Popularisierung der Werte der slowakischen Folklore im In- und Ausland bei, wo sie hoch geschätzt wird, namentlich dank des Auftretens professioneller Folkloreensembles, wie Slovenský ľudový kolektív, Lúčnica u. a.

151

Podbiel, volkstümliche Blockhäuser in der Region Orava. In der Gemeinde Podbiel blieben bis heute fast 30 ursprüngliche hölzerne Wohnhäuser aus der Mitte des 19. und vom Angang des 20. Jahrhunderts erhalten, ein Teil von ihnen werden zum zeitweiligen Aufenthalt an Touristen und Urlauber vermietet.

152

Šaľa, der Typ eines südslowakischen volkstümlichen Hauses mit einem Strohdach, datiert mit der Jahreszahl 1831 an einem Balken. Die Wände wurden aus Ruten verfertigt, die um Pfähle geflochten und von beiden Seiten mit einer dicken Lehmschicht bedeckt wurden. Im verflossenen Jahrhundert baute man solche Häuser auch in der unmittelbaren Umgebung der Stadt Nitra.

153

Koceľovce, Türbeschläge eines ursprünglich gotischen Portals einer einschiffigen Kirche aus der ersten Hälfte des 14. Jahrhunderts, in der wertvolle Wandmalereien vom Ende desselben Jahrhunderts erhalten blieben.

154

Stará Halič, ein hölzerner Glockenturm neben der Kirche. Er wurde vom Müller A. Poloni im J. 1673 in der Form eines Kegelstumpfes erbaut. Gedeckt ist der Turm mit einem Schindeldach, er steht neben der alten katholischen Kirche aus dem J. 1350, die in den J. 1904 und 1923 renoviert wurde.

155

Ein Grabstein aus Madačka, aus den Sammlungen des Ethnographischen Museums des Slowakischen Nationalmuseums in Martin. Der Grabstein stammt aus dem 19. Jahrhundert und ist eine bemerkenswerte Steinmetzarbeit mit einem Reliefdekor. Ähnliche Grabsteine gab es auch in Ábelová, Nedelište, Horný Tisovník und Lišov.

156

Die Holzkirche in Miroľa aus dem J. 1770 ist eines der 27 unter Naturschutz stehenden sakralen Holzbauwerke in der Ostslowakei, die als Gesamtheit ein nationales Kulturdenkmal darstellen.

157

Svätý Kríž, die evangelische Holzkirche aus der überfluteten Gemeinde Paludza. Sie wurde in den J. 1773–1774 vom Zimmermannsmeister J. Lang erbaut. Mit ihrer Bodenfläche von 1 150 m^2 ist sie das größte Bauwerk dieser Art in Mitteleuropa und faßt bis 5 000 Personen. Beim Bau des Stausees Liptovská Mara wurde auch die Gemeinde Paludza überflutet. Deshalb wurde die Kirche in ihre Bauteile zerlegt und 5 km weiter südlich, am Rande der Gemeinde Svätý Kríž, wieder aufgebaut.

158

Das Interieur der Holzkirche in Hronsek bei Sliač, erbaut auf gemauerten Fundamenten in den J. 1725–1726. Ihr Grundriß hat die Form eines in ein inneres Achteck eingeschriebenen Quadrates und bietet Raum für 1 100 Personen. Neben der Kirche steht ein kleiner barocker Glockenturm aus dem ersten Drittel des 18. Jahrhunderts.

159

Jedlinka, der ostslowakische Typ einer Holzkirche aus dem J. 1763; sie gehört zum Komplex der gesetzlich geschützten ostslowakischen Sakralbauten. Die orthodoxe dreiräumige barocke Holzkirche ist außen architektonisch betont durch die Komposition dreier geneigter Zeltdächer mit Mohnköpfen und Kreuzen. Das Gebäude sinkt ständig und dadurch droht eine ernste Beschädigung ihrer wunderschönen Ikonostasis.

160

Die evangelische Holzkirche in Leštiny, in der Nähe der Stadt Vyšný Kubín, ist eine von mehreren ähnlichen Holzkirchen dieser Art in der Region Orava. Sie wurde in den J. 1688–1689 erbaut und im J. 1853 renoviert. Das Gebäude mit einem Grundriß in der Form eines griechischen Kreuzes und mit einer Empore auf drei Seiten bietet Raum für eine Versammlung von 900 Personen.

161
Kopien einer gotischen Holzschnitzerei im Schloß Zvolen waren auf der Weltausstellung in Montreal im J. 1967 ausgestellt. Ihre Originale befinden sich auf dem Hauptaltar in der St. Jakobskirche in Levoča. Auf den Seiten der Madonna sind Reliefs von den seitlichen Altarflügeln mit den Motiven „Aufbruch der Apostel" und „Enthauptung des Hl. Jakobus".

162
Die Madonna aus Sásová (die Hl. Sophia), ein gotisches Gemälde aus dem 15. Jahrhundert. Es stammt aus der Kirche der Hl. Antonius und Paulus, der Eremiten. Das Bild ist im Mittelslowakischen Museum in Banská Bystrica ausgestellt.

163
Die Bronzetür aus dem Weinkeller der Zipser Burg ist heute im Besitz des Slowakischen Technischen Museums in Košice. Die Tür aus dem J. 1580 ziert das Detail der drei Grazien.

164
Aus der Ikonenexposition des Šarišer Museums im Kurort Bardejovské Kúpele. Die Ikone des Hl. Michael, des Erzengels, aus dem 16. Jahrhundert (mit ikonographischen Elementen aus der russischen Tradition) stammt aus dem untergegangenen Kirchlein in der Gemeinde Rovné bei Svidník.

165
Smrečany, Detail des Gemäldes vom spätgotischen Nebenaltar, datiert mit der Jahreszahl 1510. Die Szenen aus dem Leben der Hl. Elisabeth sind Beispiele der meisterhaften Arbeit eines unbekannten Malers.

166
Rimavské Brezovo, Wandgemälde aus dem 14. Jahrhundert. Im J. 1893 wurden an den Wänden und an der Wölbung des Presbyteriums in der Kirche Gemälde mit biblischen Motiven aufgedeckt und restauriert. Wertvolle gotische Wandgemälde befinden sich auch in anderen Kirchen der Slowakei, nicht nur im Gemer-Gebiet.

167
Die Kelter aus Sebechleby gehört zwar schon ins Museum, doch die Weinbautradition im Hont-Gebiet (schon seit dem 11. Jahrhundert) lebt noch bis heute. Im Komitat Hont erreichte die Rebenkultur die höchste Blüte um das J. 1720.

168
Sebechleby-Stará Hora, Winzerhäuschen und Weinkeller aus dem 18. und 19. Jahrhundert. Fast 200 Weinkeller wurden schräg in den Felsen eingemeißelt und auf ihnen Winzerhäuschen erbaut. Viele von ihnen büßten jedoch durch Um- und Anbauen viel von ihrem ursprünglichen architektonischen Wert ein.

169
Vlkolínec, eine Dorfreservation der Volksbaukunst in einer Meereshöhe von 700 m in der Nähe von Ružomberok. Die Gemeinde kann nur über einen steilen, schmalen Fahrweg erreicht werden. In ihr blieben fast alle Holzhäuser erhalten, in denen einige Alteingesessene ihr Leben in der Gemeinschaft mit „Hüttenbesitzern" beschließen, die viele alte Holzhäuser als Privatbesitz aufkauften und sie dadurch vor dem Verfall bewahrten.

170
Der Kurort Bardejovské Kúpele, das Freilichtmuseum der Volksbaukunst in der Region Šariš, das dem Šarišer Museum gehört. Sein Aufbau begann im J. 1967, als eine orthodoxe Holzkirche aus der Gemeinde Zboj, die im J. 1766 erbaut worden war, hierher überführt wurde. Die erste Holzkirche (aus der Gemeinde Kožuchovce), wurde in der Slowakei schon im J. 1925 transferiert, sie steht heute im Hof des Ostslowakischen Museums in Košice. Auf der Aufnahme ist ein typisches Wohnhaus und ein Wirtschaftsgebäude aus dem unteren Šariš-Gebiet zu sehen.

171
Špania Dolina, das Bergarbeiterhaus aus dem 19. Jahrhundert gehört zu den Kleinodien unserer Volksbaukunst. Ähnliche Häuser, in denen häufig zwei und mehrere Familien wohnten, gab es auch in den Gemeinden Kremnické Bane, Dolný Turček, Horná Štubňa und Banská Štiavnica.

172
Ždiar, ein volkstümliches Wohnhaus, adaptiert zum Einquartieren von Touristen. Ursprünglich war es ein typisches Ždiarer Haus von sog. polnischen (goralischen) Typ. Der Hof, hier „obora" genannt, war auf allen Seiten von Holzgebäuden umgeben, die alle Wohn- und Wirtschaftsfunktionen versahen. Die Gemeinde Ždiar hat etwa 2 000 Einwohner, doch kann sie auf einmal über 3 000 Touristen und Urlauber beherbergen. Ždiar ist eine Denkmalsreservation der Volksbaukunst.

173
Das Museum des slowakischen Dorfes in Martin. Mit dem Aufbau der ethnographischen Freilichtexposition wurde im J. 1972 in der Lokalität Jahodnícke Háje begonnen, sie ist ein Bestandteil des Ethnographischen Museums des Slowakischen Nationalmuseums. Nach seiner Vollendung soll dieses gesamtslowakische Freilichtmuseum der Volksbaukunst über 120 Objekte umfassen, womit ein Traum des Ethnographen Andrej Kmeť und des Architekten Dušan Jurkovič erfüllt sein wird.

174
Ein volkstümliches Dreiraumhaus in der Ortschaft Bartošova Lehôtka, restauriert im J. 1982, beweist, daß man auch im Weichbild einer Gemeinde so manches Schmuckstück der Volksbaukunst erhalten kann.

175, 176
Junge Frauen und ein Mann in goralischer Tracht aus dem oberen Orava-Gebiet. Die grundlegende Einteilung der slowakischen Trachten nach den einzelnen Regionen läßt sich ungefähr in 32 regionale Gruppen bestimmen. Die Ehrerbietung nicht nur vor den Trachten, sondern auch vor den Volkstraditionen ist in den Folkloreensembles tief verwurzelt, sie müssen heute unter neuen, komplizierten ökonomischen Bedingungen ihr neues Gesicht suchen.

177
Das Museum der Volksbaukunst der Region Orava in der Ortschaft Brestová bei Zuberec im Zugang zum Gebirge Roháče (begonnen im J. 1975) ist nur eines der regionalen Freilichtmuseen in der Slowakei, die zum Teil bereits aufgebaut sind oder sich noch im Bau befinden (Nová Bystrica-Vychylovka, Pribylina, Stará Ľubovňa, Halič), weitere werden vorbereitet.

178
Liptovské Revúce, ein altes Holzhäuschen in der Region Liptov mit einem Schindeldach inmitten neuer gemauerter Häuser in einer Gemeinde – das ist heute schon eine Seltenheit, die uns an die geschickten Hände und an das ästhetische Empfinden unseres Volkes erinnern, das hier wahrlich kein leichtes Leben hatte.

179
Die Reste eines alten Eisenhammerwerkes oberhalb der Gemeinde Nižný Medzev (Untermetzenseifen). Das Wasser hat keinen Grund mehr das Treibrad zu drehen. Zusammen mit dem Frost, dem Eis, dem Wind und der Sonne nagt die Zeit unaufhörlich an den letzten Tagen der alten Maschinen.

180
Sirk-Červeňany, ein slowakischer Hochofen aus dem 19. Jahrhundert erinnert als wichtiges technisches Denkmal daran, daß es in der Slowakei im J. 1870 noch 54 solcher Hochöfen gab; die meisten von ihnen standen gerade hier, im Gebirge Slovenské rudohorie (Slowakisches Erzgebirge).

181
Die alte Waldschmalspurbahn bei Čierny Balog repräsentiert den Rest eines Verkehrsmittels zum Abtransport des gefällten Holzes. Der Dampf im Verkehrswesen hatte bei uns einen schweren Anfang und ein trauriges Ende. Die erste Eisenbahn in der Slowakei schon in der Zeit der Dampfeisenbahn war die Pferdeeisenbahn Bratislava–Trnava–Sereď (1839–1846). Der Grund? Das Futter für die Pferde war billiger als die Kohle.

182
Das Feuer des Himmels und der Erde über dem chemischen Kombinat Slovnaft in Bratislava schafft ein Bild, das Bratislava in der Vergangenheit nicht kannte. Der neue Industriegigant verarbeitet seit 1962 vor allem sowjetisches Erdöl zu modernen Produkten der Petrochemie. Das Kombinat Slovnaft ist der größte Exporteur von Produkten der chemischen Industrie in der Tschecho-Slowakei.

183
Die lebendige Schönheit des Stahls in der Maschinenfabrik Považské strojárne in Považská Bystrica erinnert eher an ein Computerbild als an glühenden Draht bei seiner Entstehung.

184
Skalica, das erste slowakische Kulturhaus aus den J. 1904–1905 ist ein bemerkenswertes Bauwerk im Sezessionsstil in der Region Záhorie. Das Gebäude, ursprünglich als Vereinshaus bezeichnet, entwarf Arch. Dušan Jurkovič. An seiner künstlerischen Ausgestaltung wirkten auch die Maler Mikoláš Aleš und Joža Úprka mit; der zweitgenannte war ein Maler des Volkslebens in der Mährischen Slowakei.

185
Považská Bystrica, Vitragen des Gesellschaftshauses von Róbert Dúbravec.

186
Das Haus der Kultur und das Hotel Lux in Banská Bystrica bilden die Dominanten des Stadtplatzes unterhalb des Museums des Slowaki-

schen Nationalaufstandes. Das Haus der Kultur projektierte J. Chrobák (erbaut in den J. 1973–1979), das Hotel Lux mit 302 Betten entwarf D. Boháč (vollendet 1966).

187

Das Haus der Kunst der Slowakischen Philharmonie in Piešťany wurde der Öffentlichkeit im J. 1980 zugänglich gemacht. Es hat einen Zuschauerraum für 620 Besucher und einen Orchesterraum für 80 Musiker. Das Gebäude wurde von F. Milučký projektiert, die Plastik vor dem Gebäude (Musen in stilisierter Volkskleidung) schuf E. Venkov.

188

Bratislava, die Slowakische Nationalgalerie. Das ursprüngliche Theresianische Gebäude der ehemaligen Kaserne überbrückt (anstelle des schon früher abgetragenen vierten Flügels) eine Stahlkonstruktion mit einer Spannweite von 54,5 m, was eine visuelle Verbindung und die Ansicht auf das historische Gebäude vom Donauquai aus ermöglicht. Die architektonische Lösung des Anbaus von V. Dedeček (erbaut in den J. 1967–1969) ist nur ein Fragment des ursprünglich projektierten Bauvorhabens, in dem das Gelände komplex bis zu den Hotels Devín und Carlton architektonisch gelöst war.

189

Martin, Detail des drittes Gebäudes der Matica slovenská auf dem Hügel Hostihora, erbaut in den J. 1964–1975 nach einem Projekt von D. Kuzma unter der Mitarbeit von A. Cimmermann. Der hohe Teil der neuen Dominante in der Silhouette der Stadt Martin wurde mittels eines Systems von Eisenbetondecken aufgeführt, die an einem monolithischen Kernstück emporgehoben wurden.

190

Das Interieur des Großen Saales im Haus der Gewerkschaften in Bratislava bildet den Hauptraum für kulturell-gesellschaftliche Veranstaltungen; der Saal hat eine Kapazität von 1 280 Sitzplätzen. Das architektonisch nüchtern wirkende Gebäude, mit kubanischem Marmor verkleidet, entwarfen F. Konček und Ľ. Titl. Erbaut wurde es in den J. 1977–1980.

191

Das Sanatorium Krym und das Hotel Jalta in Trenčianske Teplice bilden ein neues modernes Zentrum im zweitbekanntesten Kurort der Slowakei. Das Sanatorium Krym mit einer Kapazität von 250 Betten im Liegeteil projektierte M. Šavlík, das Hotel Jalta mit einer Kapazität von 180 Betten entwarf V. Fašang.

192

Der Kurort Dudince, das ehemalige Erholungsheim „Roter Stern" (eröffnet im August 1982) ist ein Gebäude gleichen Typs wie das Erholungsheim in Piešťany (projektiert von J. Poničan). Der sehr perspektive, jüngste Kurort in der Slowakei mit einem der wirksamsten Heilwasser in Europa wird stetig und rasch um neue Kurhäuser vergrößert.

193

Piešťany, das Kurhaus Balnea Esplanade von V. Uhliarik und Ch. Tursunov, fertiggestellt im J. 1980. Mit einer Kapazität von 520 Betten ist nur eines der neuen Objekte des Balneazentrums mit zusammen 1 280 Betten auf der Badeinsel. Dieses Zentrum ist der ausgedehnteste balneotherapeutische Komplex in der Slowakei. Die weltbekannten Bäder in Piešťany werden von Patienten aus der ganzen Welt besucht.

194

Turčianske Teplice, die Kurhäuser Modrý kúpeľ und Veľká Fatra. Das Kurhaus Modrý kúpeľ (Blaues Bad) mit einer Balneotherapie und einem Bassin ermöglicht zusammen mit älteren Objekten die Behandlung von 500 Patienten mit 1 600 Prozeduren täglich. Das Kurhaus Veľká Fatra (164 Betten) wurde in den J. 1976–1984 nach einem Projekt von J. Vítek erbaut. Auch dank dieses Objekts wuchs die Anzahl der Betten in den Kurorten der Slowakei seit 1949 auf fast das Dreifache an.

195

Das Sanatorium Ozón im Kurort Bardejovské Kúpele mit einer Kapazität von 200 Betten wurde nach einem Projekt von J. Schuster in den J. 1970–1976 erbaut. Seine Architektur mit der Kombination von Travertin, Beton und Glaswänden (Fenstern) in Aluminiumrahmen wirkt neben der Kolonade und der älteren wie den neueren Objekten wie ein markantes Element im Panorama des Kurortes.

196

Das Krankenhaus mit der Poliklinik in Banská Bystrica. Der sanitäre Komplex wurde in den J. 1966–1981 nach einem Projekt von Š. Imrich erbaut. Die Zentralgebäude mit dem Krankenhaus in der Form des Buchstabens H (Hospital) haben 1 108 Betten. Der Komplex bietet grundlegende sanitäre Dienstleistungen für 50 bis 60 000 Einwohner und hochspezialisierte gesundheitliche Dienste für mehr als anderthalb Millionen Einwohner der ganzen Mittelslowakei. Die Statuengruppe vor dem Gebäude ist ein Werk des Bildhauers Pavol Tóth.

197

Žilina, das Verwaltungsgebäude des Betriebs Oceľové konštrukcie (Stahlkonstruktionen) ist nur ein Beispiel für hunderte von Betriebsgebäuden. An der Gestaltung von Administrativbauten, von Objekten für die tertiäre Sphäre (Warenhäuser Prior und Jednota, Sport-, Schul- und anderen Gebäuden aller Arten) in der Slowakei beteiligten sich in den vergangenen 40 Jahren 26 Projektionsbetriebe, in denen mehr als 1 200 Architekten tätig waren, die nach 1945 ihr Hochschulstudium absolviert hatten.

198

Das Krankenhaus mit der Poliklinik in Galanta bildet die materielle Dominante dieser Kreisstadt mit etwa 13 000 Einwohnern. Das Gebäude wurde in den J. 1964–1980 nach einem Projekt von M. Šavlík erbaut. Noch größer ist das Krankenhaus und die Poliklinik in der nahen Stadt Nové Zámky mit einer Kapazität von 1 350 Betten, das in den J. 1969–1982 nach einem Projekt von R. Pastor erbaut wurde.

199

Das Verwaltungsgebäude im Zentrum von Považská Bystrica mit der charakteristischen Aula in der Form eines abgeschnittenen Kegels bildet die Dominante des architektonisch und urbanistisch eindrucksvollen Stadtplatzes dieser industriellen Kreisstadt mit über 20 000 Einwohnern. Das in den J. 1968–1970 erbaute Gebäude wurde von J. Meliš und S. Ďuriš entworfen.

200

Die Wohngebäude aus Fertigteilen in Prievidza und ihr Gegenstück in der nahen Stadt Handlová erinnern an die komplizierte Entwicklung der urbanistischen Konzeptionen im Wohnungsbau in den Jahren nach dem zweiten Weltkrieg. Angefangen von Nová Dubnica (Baubeginn im J. 1953) bis Petržalka in Bratislava (Bautätigkeit seit 1979) ist die urbanistische Problematik Gegenstand des regen Interesses der ganzen Gesellschaft.

201

Der Springbrunnen auf dem Friedensplatz in Lučenec rundet den zentralen Raum der modernen Stadt ab. Durch Rekonstruktion früherer und den Bau neuer Betriebe sowie durch den ausgedehnten Wohnungsbau (über die Hälfte aller Wohnungen sind Neubauten) ist die Stadt Lučenec nach dem J. 1945 zu einer Stadt mit 25 000 Einwohnern angewachsen.

202

Das Jonáš-Záborský-Theater in Prešov im Zentrum der Stadt mit einer Kapazität von über 600 Sitzplätzen im Theatersaal und mit weiteren großen Mehrzweckeräumen wurde am 14. 9. 1990 seinem Zweck übergeben. Das Projekt entwarfen die Architekten F. Jesenko, F. Zbuško und L. Domén.

203

Nitra, ein Teil der Gebäude der Landwirtschaftlichen Hochschule, vollendet im J. 1961 nach einem Projekt von V. Dedeček und R. Miňovský. Im Tages – sowie im nebenberuflichen Studium haben sich hier an drei Fakultäten jährlich an die 5 000 Hörer für ihren Beruf vorbereitet.

204

Das Krankenhaus und die Kinderpoliklinik in Košice. Trotz der komplizierten Entwicklung unserer Sanitätsarchitektur, angefangen von Krankenhäusern mit Polikliniken vom III. Typ – für ein- bis anderthalb Millionen Einwohner, vom II. Typ (für 40 bis 50 000 Einwohner), bis zu den Polikliniken für einen oder zwei Stadtbezirke, ist eine ausreichende sanitäre Sicherstellung der Gesellschaft eine Selbstverständlichkeit.

205

Bratislava, das Verwaltungsgebäude der Incheba (Internationale Chemische Exposition in Bratislava) **im Ausstellungskomplex.** In der ersten Etappe (von J. 1978 an) wurden 20 000 m² Ausstellungsflächen, ein Hochhaus als Verwaltungsgebäude, ein Hotel mit 650 Betten, ein Mehrzweckekongreßsaal für 2 500 Personen usw. erbaut. Autor des Gebäudekonzeptes war Arch. V. Dedeček. In der vorbereiteten II. und III. Etappe des Aufbaus soll der Komplex um 65 000 m² Ausstellungsflächen, um einen Personenhafen an der Donau und um weitere Anlagen erweitert werden.

206

Bratislava, den Fernsehsender auf dem Hügel Kamzík projektierten S. Májek, J. Tomašák, J. Kozák, M. Jurica und J. Privitzer. Auf dem zentralen slowakischen Sender in einer Höhe von 505 m ü. d. M. befindet sich etwa 78 m über dem Terrain ein Aussichtskaffeehaus für 80 Besucher mit einem Drehfußboden. Der Bau des Senders mit einem Bauaufwand von 120 000 000 Kronen wurde in den J. 1967–1969 realisiert.

207

Das Gebäude der Fakultät für Bauwesen der Slowakischen Technischen

Universität in Bratislava gehört zu jenen Gebäuden, an denen die ersten Erfahrungen mit neuen Bautechnologien gesammelt wurden. Das Gebäude mit einer Nutzfläche von 31 000 m² wurde in den J. 1964–1973 nach einem Projekt von O. Černý erbaut.

208
Die Altstadt von Bratislava und die Neubauten im Stadtteil Petržalka vom Hügel Slavín aus. Im J. 1976 begann man mit einem ausgedehnten Wohnungsbau auch auf dem rechten Donauufer, wo eine neue Stadt aus Wohnsiedlungen für 158 000 Einwohner entstehen soll. Nach den Wohnsiedlungskomplexen Petržalka-Lúčky und Háje ist an der Stelle des alten abgetragenen Stadtteils Petržalka ein ausgedehnter Wohnungskomplex Dvory für 24 000 Einwohner im Bau. Die Sektion Dvory VI rechnet mit 1 376 Wohnungen in vorwiegend elfstöckigen Häusern für insgesamt 4 682 Einwohner, das macht bis zu 408 Bewohner auf 1 Hektar.

209
Die Vermischung der alten und der neuen Stadt Bratislava als des wirtschaftlichen, administrativen und kulturellen Zentrums der Slowakei war von einer stürmischen Entwicklung der Bautätigkeit gekennzeichnet. Seit dem J. 1945 wurden hier nicht nur ausgedehnte Wohnungskomplexe – Siedlungen erbaut, sondern auch hunderte von wichtigen Bauten für das Schulwesen, für die Kultur, für das Gesundheitswesen, für Dienstleistungen, für Rundfunk, Film und Fernsehen, für den Innen- und Außenhandel, für die Industrie und Polygraphie, außerdem auch Bauten für den Schiffs-, Straßen-, Flug- und Eisenbahnverkehr.

210
Das Gebäude des Slowakischen Rundfunks in Bratislava wurde im J. 1985 vollendet. Die komplizierte Stahlkonstruktion in der Form einer umgekehrten Pyramide, aufgehängt an einem Eisenbetonkern, nützt die zur Verfügung stehende Fläche in der Nähe zweier wichtiger Kommunikationen im neueren Teil des Stadtzentrums in maximaler Weise aus. Das atypische Gebäude wurde von Š. Svetko, Š. Ďurkovič und B. Kisling im Staatlichen Forschungs-, Projektions- und Typisierungsinstitut in Bratislava entworfen.

211
Bratislava, das Staatliche Zentralarchiv der Slowakischen Republik wurde als erster Zweckbau dieser Art mit einem Bauaufwand von 70 Millionen Kronen in den J. 1976–1983 nach einem Projekt von V. Dedeček erbaut. Die monumentale Architektur ist eine neue Dominante Bratislavas auf dem Hügel Holý vrch (Machnáč), wo bereits das neue Amphitheater sowie ausgedehnte Wohnbauten stehen und wo man auch mit dem Bau einer Hochschule für bildende Künste und weiterer Objekte rechnete.

212
Das universale Betriebsgebäude in Bratislava-Petržalka ist in das künftige südliche Zentrum der Gebäudekomplexe der Hauptstraße lokalisiert. Zwei Hochbauten für 1 200 Verwaltungsbeamte realisierte der Betrieb Hydrostav in den J. 1980–1990. Autor des Projektes ist Rudolf Masný.

213
Bratislava, die Brücke des Slowakischen Nationalaufstandes und die Donau aus der Vogelperspektive. Die Konstruktion des Pylonen symbolisiert die neuen Perspektiven und die Dynamik der Entfaltung des architektonischen Schaffens. Die Lösung seiner Konstruktion wurde zu einem Vorbild auch für ausländische Architekten. Autoren des Projektes sind J. Lacko, L. Kašnír und I. Slameň, der Konstruktionsteil wurde von A. Tesár, E. Hladký und P. Dutko entworfen. Die Brücke wurde im J. 1972 in Betrieb genommen.

214
Spišská Belá, im Geburtshaus Jozef M. Petzvals. Das Petzval-Museum, eine Abteilung des Slowakischen Technischen Museums in Košice, erinnert an das Leben und das Werk unseres bedeutenden Mathematikers, Physikers, Universitätsprofessors, Erfinders und Mitbegründers der modernen photographischen Technik und Optik. Er lebte von 1807 bis 1891 und starb in Wien.

215
Borský Mikuláš, die Lobinschrift auf dem Geburtshaus Ján Hollýs (1785–1849). J. Hollý war der bedeutendste Dichter, der seine Werke im Bernolákischen Slowakisch, einem Vorgänger des heutigen Schriftslowakischen, verfaßte. Er knüpfte an die geistigen Strömungen der slowakischen nationalen Wiedergeburt an; auch die jungen Anhänger Ľ. Štúrs verehrten ihn.

216
Uhrovec, das Geburtshaus des nationalen Erweckers Ľudovít Štúr, der leitenden Persönlichkeit der nationalen Wiedergeburt des slowakischen Volkes in der ersten Hälfte des 19. Jahrhunderts. Ľudovít Štúr, der Kodifikator der slowakischen Schriftsprache, Ideolog, Philosoph, Historiker, Sprachwissenschaftler, Dichter, Schriftsteller, Publizist, Pädagoge, Politiker und Redakteur lebte in den J. 1815–1856. Er starb in Modra, wo sich heute das Ľudovít-Štúr-Museum befindet.

217
Dolný Kubín, das Denkmal des hiesigen Landsmanns Janko Matuška (1821–1877). Er war Erzieher, Regierungsadjunkt, Beamter und auf literarischem, kulturellen und gesellschaftlichem Gebiet tätiger Patriot. Im März 1844 dichtete er das hymnische Lied „Nad Tatrou sa blýska" (Ob der Tatra blitzt es), die heutige slowakische Nationalhymne. Im J. 1843 feierte er voller Begeisterung Ľudovít Štúr als „Steuermann auf dem Floß der Nation".

218
Das Mahnmal an Ďurko Langsfeld auf dem Platz seiner Hinrichtung in Kremnica. Er war Lehrer, ein Landsmann aus Sučany, geb. 1825. Im Mai 1849 während des Slowakischen Nationalaufstandes von 1848–1849 überfiel er mit seiner Gruppe slowakischer Freiwilliger eine Abteilung ungarischer Soldaten, die gegen die Aufständischen kämpften. Im Juni 1849 wurde er von den Honvéds gefangengenommen, verurteilt und hingerichtet.

219
Hnúšťa-Likier, das Ehrenmal des hiesigen Landsmanns und Patrioten Ján Francisci (1822–1905). Er gehörte zu den bedeutendsten Persönlichkeiten der slowakischen nationalen Bewegung im 19. Jahrhundert. Als Verfechter des bewaffneten Widerstandes der slowakischen Aufständischen gegen die Budapester Regierung wurde er im J. 1848 zum Tod verurteilt; die Todesstrafe wurde zu dreijährigem Kerker umgewandelt. Im J. 1861 war er der Organisator und Vorsitzende der slowakischen nationalen Versammlung in Martin.

220
Banská Bystrica, die Gedenktafel an Štefan Moyses. Er war der erste Vorsitzende des slowakischen nationalen Vereins Matica slovenská. Im J. 1861 leitete er die slowakische Deputation, die dem Herrscher in Wien das „Memorandum der slowakischen Nation" und einen Entwurf des „Privilegiums zur Verwirklichung der Gleichberechtigung der slowakischen Nation in Ungarn" übergab. (Geboren 1796 in Veselé, gestorben 1869 in Žiar nad Hronom.)

221
Detail des Grabmals Andrej Kmeťs auf dem Nationalen Friedhof in Martin. Es ist dem Andenken an den Organisator des slowakischen wissenschaftlichen Lebens geweiht. Er machte sich um die wirtschaftliche Hebung des Volkes verdient, war ein Bahnbrecher bei der Gründung der Slowakischen Musealen Gesellschaft (1895), deren Vorsitzender er bis zu seinem Tod im J. 1908 blieb. (Geboren 1841 in Bzenica, gestorben 1908 in Martin.)

222
Die Gedenkmedaille an Jozef Dekret-Matejovie (1774–1841), der bedeutendsten Persönlichkeit des slowakischen Forstwesens im 19. Jahrhundert. Er war ein Pionier der modernen Forst- und Feldwirtschaft.

223
Dolný Kubín, aus dem Interieur der Pavol-Országh-Hviezdoslav-Exposition. Hviezdoslav war Rechtsanwalt und eine der größten Persönlichkeiten der älteren slowakischen Literatur. Sein ganzes Leben verbrachte er in der Region Orava (1849–1921). Literarisch knüpfte er an Ľ. Štúrs Poesie der nationalen Wiedergeburt des slowakischen Volkes und an die allslawischen Ideen Ján Hollýs an. Neben seinem eigenen literarischen Schaffen widmete er sich dem Übersetzen der größten Werke der Weltliteratur ins Slowakische. An seinem Lebensabend wurde er Abgeordneter der Revolutionären Nationalversammlung in Prag (1919–1920). Er war aber auch ein Kritiker, der mit seinen Werken in die Reihen der Bourgeoisie zielte.

224
Jasenová, das Geburtshaus Martin Kukučíns. Das Werk dieses Schriftstellers (mit eigenem Namen Matej Bencúr, 1860–1928) gehört wegen seiner ideellen und künstlerischen Komposition zu den höchsten Werten der slowakischen realistischen Literatur. Er drang mit seinem literarischen Schaffen tief in die Fragen nach dem Sinn des Menschenlebens und der sozialen Beziehungen ein. Mehr als 30 Jahre verbrachte im Ausland, als Arzt in Jugoslawien und in Südamerika.

225
Bratislava-Flugplatz, das Denkmal Štefan Baničs, des Erfinders des Springfederfallschirms (patentiert 1914 in den USA). Er war Ehrenmitglied des Fliegerkorps der USA. In die Vereinigten Staaten von Nordamerika wanderte er als 37-jähriger aus und arbeitete als Landarbeiter in Pennsylvanien. Im J. 1921 kehrte er in die Slowakei zurück, nach Smolenice, wo er als gewöhnlicher Maurer arbeitete (Smolenice 1870–1941).

226

Das Geburtshaus Jozef Murgašs in Tajov bei Banská Bystrica, eines Erfinders auf dem Gebiet der Radiotepegraphie. Murgaš (1864–1929) beendete das Studium der Theologie, dann absolvierte er mit Auszeichnung die Akademie der bildenden Künste in München, wanderte schließlich in die USA aus, wo er als katholischer Priester in einer slowakischen Bergarbeitersiedlung wirkte. Im J. 1904 erwarb er in den USA das erste Patent (Murgaš ton-system). Im J. 1921 kehrte er in die Tschechoslowakei zurück, wo er sich vergeblich um eine Professur an der Tschechoslowakischen Technischen Universität in Prag bewarb. Er kehrte in die USA zurück, wo er weitere sieben Patente auf dem Gebiet der Radiotelegraphie erwarb. Die Photokopien der Patente Murgašs sind im Technischen Nationalmuseum in Prag deponiert.

227

Samuel Jurkovič, der Schöpfer des genossenschaftlichen Kreditwesens. Er gründete die erste Kreditgenossenschaft in Europa. Der von ihm gegründete Bauernverein in Sobotište (1845) wurde zum Vorbild für viele weitere genossenschaftliche Unternehmeraktivitäten. Jurkovič (1796–1873) war Mitglied des Slowakischen Nationalrates (1848–1849) und Mitautor der Bittgesuche der slowakischen Nation.

228

Andrej Hlinka, der slowakische Politiker, ein Landsmann aus Ružomberok-Černová (1864–1938). Römisch-katholischer Kaplan und Priester, von seinen Widersachern angefeindet und verfolgt, doch ein anerkannter, bewunderter und kompromißloser Führer des slowakischen Volkes, von den Madjaren und Tschechoslowaken eingekerkert, der bedeutendste slowakische Politiker in der Zwischenkriegszeit, ein Vorkämpfer für die slowakische Selbständigkeit und Autonomie.

229

Aurel Stodola auf einer Gedenkmedaille der Slowakischen Akademie der Wissenschaften in Bratislava, die für Verdienste auf dem Gebiet der technischen Wissenschaften verliehen wird. Dr. Ing. Hochschulprofessor Aurel Stodola (geboren 1859 in Liptovský Mikuláš, gestorben 1942 in Zürich), ein bedeutender Wissenschaftler slowakischer Abstammung, legte die Grundlagen für die Projektion und den Bau von Dampf- und Verbrennungsturbinen. In Zusammenarbeit mit dem Chirurgen F. Sauerbruch konstruierte er schon im J. 1915 eine bewegliche künstliche Hand, die sog. Stodola-Hand. Er erntete Anerkennung in der ganzen Welt.

230

Ružomberok, das Interieur der Ľudovít-Fulla-Galerie. Ľ. Fulla (1902–1980) war ein Maler, Graphiker, Illustrator, Träger des Titels „Nationaler Künstler". Den Avantgarde-Charakter seines Schaffens würdigte unsere Gesellschaft mit der Einrichtung der Galerie (1969) schon zu seinen Lebzeiten. Mit dem Bild „Das Lied und die Arbeit" erwarb er den Grand Prix auf der Weltausstellung in Paris im J. 1937 und trat dadurch markant in die europäische Moderne ein. Einen leitenden Einfluß auf die Formung der slowakischen bildenden Kunst bewahrte er sich sein ganzes schöpferisches Leben lang.

231

Das Grabmal Mikuláš Galandas im Nationalen Friedhof in Martin. Das Begräbnis des Schriftstellers Karol Kuzmány im J. 1866, das den Charakter einer politischen Demonstration des unterdrückten slowakischen Volkes hatte, war der Anstoß zur Idee einen nationalen Friedhof aufzubauen, der heute ein nationales Kulturdenkmal ist. Eine der sechzig bedeutenden Persönlichkeiten des slowakischen Kultur- und Gesellschaftslebens, die hier in den vergangenen 120 Jahren begraben wurden, ist auch der Maler, Graphiker und Illustrator Mikuláš Galanda (1895–1938).

232

Slavošovce, Erinnerung an Pavol Dobšinský (geb. 1828 in Slavošovce, gest. 1885 in Drienčany). Aktives Mitglied der „Union der slowakischen Jugend", wirkte als Organisator, Dichter, Redakteur (Zeitschriften, Unterhaltungsliteratur, Sammelbände slowakischer Volkslieder) und Sammler von Volksliedern und Volksmärchen. Sein wichtigstes Lebenswerk sind die „Prostonárodné slovenské povesti" (Slowakische Volkssagen), erschienen in den J. 1880–1883, die umfangreichste Sammlung slowakischer Volksmärchen und Sagen, die zu den grundlegenden Kleinodien der slowakischen Literatur gehören.

233

Martin Benka: „Die Widerstandskraft", Ölgemälde (1942), symbolisiert das Leben und den Charakter des slowakischen Volkes und seine Sehnsucht nach einer freien und kulturellen Entfaltung. Der „Nationale Künstler" Martin Benka (1888–1971), ein Maler, Graphiker und Illustrator, ist der Vollender der Tradition der nationalen Wiedergeburt in unserer bildenden Kunst und der Schöpfer der Hauptmerkmale des national orientierten slowakischen Kunstschaffens.

234

Das Spiel mit der Zeit in den Tropfen des Springbrunnens in Brezno gemahnt an die Kindheit vieler von uns: unsichere Spiele, unklare Vorstellungen davon, was kommen wird und was wir sein werden, denn das Leben ist einzigartig und unwiederholbar. Und weil man nicht zweimal in denselben Fluß steigen und denselben Wassertropfen zweimal berühren kann, muß man sich schließlich in einem einzigen entscheidenden Augenblick richtig entschließen und in den Strom des Lebens einordnen.